段どりよく作る
夕ごはん献立

ベターホーム協会

CONTENTS

Chapter 1 weekdayに作る 夕ごはん献立

炊飯器で作るカレーピラフの献立 ──── 08
炊飯器で作るカレーピラフ／フルーツサラダ／
半熟卵のスープ

**生ハムとアスパラガスの
　スパゲティの献立** ──── 10
生ハムとアスパラガスのスパゲティ／
グリルチキン　さっぱり野菜ソース

とり肉の辛味いための献立 ──── 12
とり肉の辛味いため／青菜のにんにくソース／
しいたけのシンプルスープ

ステーキの献立 ──── 14
サラダ仕立てのステーキ／小たまねぎとにんじんのスープ煮／
かぼちゃとクリームチーズのディップ

切り身魚のレンジ蒸しの献立 ──── 16
切り身魚のレンジ蒸し／
厚揚げと野菜のみそいため／お吸いもの

チキンのトマト煮こみの献立 ──── 18
チキンのトマト煮こみ／アボカドディップのサラダ

ポキ丼寿司の献立 ──── 20
ポキ丼寿司／野菜たっぷり　とうふステーキ／
紫たまねぎとピーマンのみそ汁

カルボナーラの献立 ──── 22
カルボナーラ／ハーブ風味のチキンサラダ

野菜とひき肉のみそいための献立 ──── 24
野菜とひき肉のみそいため／切りこんぶのサラダ／
中国風コーンスープ

切り身魚のソテーの献立 ──── 26
切り身魚のソテー　しそガーリック風味／
焼きズッキーニのチーズのせ／具だくさん　野菜スープ

牛肉のオイスターいための献立 ──── 28
牛肉と長いものオイスターいため／トマトともやしの
さっぱりサラダ／ザーサイとレタスのスープ

あんかけ焼きそばの献立 ──── 30
五目あんかけ焼きそば／かにかまのあえもの／
青菜のシンプルスープ

豚ヒレ肉のソテーの献立 ──── 32
豚ヒレ肉のソテー　香味ソース／
変わりシーザーサラダ／レンズ豆のスープ

＊　＊　＊　＊　＊

ポイントをおさえて、夕ごはんづくりをもっと楽しく！／
この本のきまり ──── 04
市販のスープの素の使い方 ──── 06
便利なたれ＆ソースレシピ ──── 34

残りものの活用に、少量づかいのヒントに
冷凍しておくと便利な食材 ──── 78

お気に入りの塩やオイルで
ドレッシングづくり ──── 80

さくいん ──── 94

Chapter 2 楽しみながら、ゆったり作る 休日の夕ごはん献立

チーズオムライスの献立 ———— 36
チーズオムライス／
ほうれんそうとかぶのサラダ

春巻きの献立 ———— 40
春巻き／キャベツときくらげのさっぱりあえ／
酸辣湯(サンラータン)

ローストポークの献立 ———— 44
ローストポーク／オレンジのスパニッシュサラダ／
きのこのリゾット

クリームコロッケの献立 ———— 48
かにクリームコロッケ／りんごとチコリのサラダ／
あさりのトマトスープ

ステーキシチューの献立 ———— 52
ステーキシチュー／ピーマンとなすのマリネサラダ／
めんたいバターディップ

酢豚風いためものの献立 ———— 56
酢豚風いためもの／豆もやしと青菜のあえもの／
ほたてのピリ辛スープ

ラザニアの献立 ———— 60
ラザニア／れんこんのハーブ風味サラダ／
グレープフルーツのカクテルドリンク

中国風ささみの天ぷらの献立 ———— 64
中国風ささみの天ぷら／水菜とかりかりじゃこのサラダ／
あんず酒風味のアイスティー

韓国冷めんの献立 ———— 68
韓国冷めん／グリル焼き肉

ピッツァの献立 ———— 70
具だくさん おかずピッツァ／キャベツのカレー風味サラダ

手づくりのピッツァ生地の作り方 ———— 72
手づくりの生地でふたつの味のピッツァ

焼きぎょうざの献立 ———— 74
ぷりぷりえびの焼きぎょうざ／
きゅうりとセロリのかつお風味あえ／オクラのスープ

手づくりのぎょうざの皮の作り方 ———— 76
手づくりの皮で水ぎょうざ＆焼きぎょうざ

Chapter 3 作っておけば、いろいろな料理が楽しめる! 作りおきのおかず

カポナータ ———— 82
オープンサンド／ペンネ アラビアータ

ゆで豚 ———— 84
ベトナム風サンドイッチ／ゆで豚の香味ソース

ドライカレー ———— 86
スティック春巻き／ワンプレートディッシュ

肉みそ ———— 88
ジャージャーめん／肉みそ丼

ミートソース ———— 90
ピッツァ／じゃがいものミートソースグラタン

ミニハンバーグ ———— 92
ハンバーグのポトフ風／煮こみハンバーグ

料理研究／ベターホーム協会　青木紀子　石塚恵子　中村玲子
　　　　　　　　　　　　　　堀江雅子　三笠かく子
撮影／中里一曉　アートディレクション／山岡千春

ポイントをおさえて、
夕ごはんづくりをもっと楽しく！

この本が提案するのは無理をしないで「段どりよく作る、バランスのよい献立」。
そのための、献立の考え方と調理のすすめ方をまとめました。

献立は、こう決めます

はじめに、
メインのおかず（main）を考える

献立の中で主役になるのは、肉や魚を使ったメインのおかず（main）。これをはじめに決めておくと、あとの組み合わせを考えやすくなります。メインのおかずは、肉や魚のたんぱく質を中心に、適度に野菜をプラスしたボリュームのあるものにします。

次に、
味、食材の組み合わせを考えて、
サブのおかず（sub）を決める

メインを考えたら、次はサブ（sub）。味は、あまい・塩からい・すっぱいの組み合わせでできているので、メインと同じ味つけにならないよう献立に変化をつけます。たとえば、メインが［濃い味つけのいためもの］なら、サブは［さっぱりしたサラダ］に、またはその逆にと考えます。食材は、野菜や、豆類、海藻類などを使い、メインでとりきれなかった素材をおぎなうようにします。

調理道具を
上手に使い分ける

使う調理道具が重なっていると、段どりよくは作れません。［いためている間に電子レンジ加熱］、［鍋で煮ている間にフライパン調理］など調理道具をかえたり、できあがりのタイミングを計算して使い回せば、何品かを同時に作ることができます。そうすると、いちばんおいしい状態で料理をテーブルに出すことができるのです。

料理を段どりよく作りあげるには？

作る前に、作る予定の料理の中で、優先順位を決めるようにします。たとえば、「スパゲティの湯をわかしている間に野菜を切っておこう」、「メインのおかずを煮こんでいる間にサラダとスープを完成させよう」など、料理づくりの流れをおおまかに考えてから始めるくせをつけると、完成直前にバタバタとあわてることがありません。

この本では、献立ごとにタイムスケジュールをつけました。これは、2～3品の料理を同時進行で段どりよく作る場合の手順を示したものです。でも、これはあくまでもめやすです。これを参考にして作っているうちに、自分にあったすすめ方が見つかるでしょう。

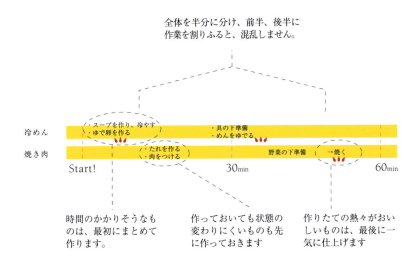

ストック食品、作りおきの
おかずを活用して、より効率的に

食事のたびにごはんを炊くより、まとめ炊きをして保存しておくほうが、効率的。炊きたてのごはんを150gぐらいずつ（1食分）に小分けし、なるべく平らにしてラップに包むか保存容器に入れて冷凍庫へ。約2週間は保存ができます。
また、よく使う食材を冷凍保存しておいたり（P.78～79）、いろいろな料理にアレンジできる作りおきのおかず（P.82～）を活用すれば、買物に行けない日や、時間がない日でも、ささっと献立がととのえられます。

この本のきまり

◎材料は、すべて2人分です。

◎本文中の分量表記は以下のとおりです
ml＝cc
カップ1＝200ml
米用カップ1＝180ml
大さじ1＝15ml
小さじ1＝5ml

◎電子レンジの加熱時間は、500Wのめやすです。600Wの場合は、0.8倍の時間にしてください

◎オーブンの温度や加熱時間は、めやすです。使っているオーブンの種類、入れる型や器の大きさや材質などによって多少違ってきます。

◎この本の中で使うフライパンは、すべてフッ素樹脂加工のものです。鉄のフライパンや中華鍋を使う場合は、いためる油の量を倍量にします。

◎本文中の火加減は、めやすとし、ようすを見ながら加減してください。使う鍋やフライパンの材質や大きさ、火力の違いにより、火の通り具合は変わってきます。

◎本文中の「だし」は、かつおでとっただしを使っています。

◎スープの素について
本文中の「スープの素」は、市販の"固形"と"顆粒"の2種類に分けて表記しています。それぞれの特徴、使い方については、P.6をご覧ください。

市販のスープの素の使い方

洋風・中国風の料理では、日本料理のだしと同じように、スープがうま味のもとになります。スープは、本来、すね肉や肩肉、とりのがら（肉を除いた骨の部分）や魚のあら、香味野菜、スパイスなどを煮こんで作ります。でも、作るのには、手間も時間もかかるので、ふだんは市販のスープの素を活用するのが便利です。特徴をまとめました。

味の種類

○おもに、牛肉をベースにしたもの
料理、スープなど幅広く使えますが、濃いめのしっかりした味に仕上がります。コクを出したい料理に向きます。

○とり肉（チキン）をベースにしたもの
とりと香味野菜が主材料の、あっさりした味。さっぱり仕上げたいとき、料理に色をつけたくないときに向きます。とりがベースのものには、洋風と中国風の2種類があります。風味の特徴は、洋風はさっぱりとくせがなく、中国風は洋風よりややコクがあります。

○野菜をベースにしたもの
野菜だけを主材料にした、あっさりとした味。クセがなく、やさしい味に仕上がるので、野菜そのものの風味を生かしたい料理に向きます。

形状の種類

○固形
1個4〜5g（約小さじ1）のキューブ状。計量せずに使えるので便利。包丁で切り分けたり、けずったりして使うこともできます。

○顆粒
料理や好みに合わせ、量を加減して使えます。溶けやすいので、いためものなどの短時間で作る料理に便利です。

○液体
溶かさずにそのまま使えるので、チャーハンや水分の少ないいためものなどにも便利です。

---

memo

- ●市販のスープの素には、上のほかに、
- ＊仔牛のすね肉や骨、香味野菜を、焼いてから長時間煮こんで作る、肉料理や煮こみ用の**フォン・ド・ヴォー**
- ＊白身魚のあらと野菜を一緒に煮て作る、魚料理用の**フュメ・ド・ポワソン**
- ＊豚骨、とり、香味野菜、香辛料などをブレンドしたペースト状の中国風スープの素などもあります。
- ●使う前に、商品に表示されている基本分量をチェックしましょう。

スープの素は、2種類くらい常備、でだいじょうぶ

家庭で上の全種類のスープの素をそろえるのは、たいへんです。また、牛肉料理は牛肉がベースに入っているスープの素でなければ作れないというものでもありません。

そこで、たとえば、＜肉ベースの固形スープの素＞と、＜とりベースの顆粒＞といったように、味と形状の違うスープの素を2種類ほど常備しておけば、たいていの料理に対応できます。よく作る料理や味の好みで選ぶとよいでしょう。あとは、必ず味見をして、好みの味になるよう調整すれば、おいしい料理が作れます。

この本のレシピでは、「スープの素（固形）」「スープの素（顆粒）」と、料理に使いやすいほうを表記していますが、互いに代用できます。

Chapter 1 weekdayに作る
夕ごはん献立

忙しくても、自分で夕ごはんを作りたい！
そんな日に役立つ13の献立

主食兼主菜になる具だくさんのピラフが、炊飯器で炊けます。
デザートがわりになるようなフルーツのサラダとスープをつけて、全体の味の変化を楽しみます

main
炊飯器で作るカレーピラフ

材料(2人分)
米――米用カップ2(360ml/300g)
とり手羽元――6本
A ┌ 塩――小さじ½
  │ こしょう――少々
  └ カレー粉――小さじ1
たまねぎ――½個(100g)
エリンギ――1パック(約100g)
さやいんげん――50g
サラダ油――大さじ1
カレー粉――小さじ2
B ┌ 水――360ml
  │ スープの素(固形・ほぐす)――1個
  │ 塩――小さじ⅙
  └ こしょう――少々

作り方
1. とり肉にAを手でよくもみこみ、下味をつけます。Bは合わせます。
2. たまねぎはあらみじんに切り、エリンギは3cm長さに切って4つ割りにします。いんげんは筋があればとり、2〜3cm長さに切ります。米は洗わずに使います。
3. 大きめのフライパンに油大さじ½を熱し、1の肉を入れます。中火で、表面にこんがりと焼き色がつくまで焼き、とり出します。
4. フライパンの汚れをふきとり、油大さじ½を熱します。中火でたまねぎをしんなりするまでいためます。カレー粉を加えていため、米、エリンギ、いんげんを入れ、全体にカレー粉が均一になじんだら火を止めます。
5. 炊飯器に、4、Bを入れ、肉をのせます。ふつうに炊きます。

1人分767kcal

このように具と分量の水、調味料を全部一緒に入れて炊き始めます

main + sub + soup で 炊飯器で作るカレーピラフの献立

50 min

sub
フルーツサラダ

材料(2人分)
マンゴー*――1個(約300g)
バナナ――小1本
キウイフルーツ――1個
A ┌ プレーンヨーグルト――大さじ3
  │ マヨネーズ――小さじ1
  └ 砂糖――小さじ½

*マンゴーは、フィリピン産、メキシコ産どちらでも。
手に入らない場合は、オレンジ1個で代用できます

作り方
1. マンゴーは、中の種をとり、全部を1.5cm角に切ります。
2. Aを合わせます。バナナとキウイは皮をむき、マンゴーと同じくらいの大きさに切ります。
3. 切ったらすぐフルーツをAであえます(少し冷やしておくとよりおいしくなります)。

1人分155kcal

soup
半熟卵のスープ

材料(2人分)
卵――2個
たまねぎ――¼個(50g)
サラダ油――小さじ1
パセリのみじん切り――少々
A ┌ 水――カップ2(400ml)
  │ スープの素(固形)――½個
  │ 塩――小さじ⅙
  └ こしょう――少々

作り方
1. たまねぎは薄切りにします。
2. 鍋に油を熱して、たまねぎをしんなりするまでいためます。
3. 2にAを加え、沸とうしたら、いったん火を止めます。卵を割り入れ、弱火で2分ほど煮て、火を止めます。
4. 器に盛り、パセリをふります。

1人分103kcal

* Time schedule *

定番のペペロンチーニも、具材を増やすと、主食兼主菜のメインになります。
香ばしいチキン料理を組み合わせ、食べごたえをプラス

生ハムとアスパラガスのスパゲティ

材料(2人分)
スパゲティ(1.6〜1.8mm太さ)——200g
A［湯——2ℓ
　 塩——大さじ1］
生ハム——2〜3枚
キャベツ——2〜3枚(約150g)
グリーンアスパラガス——5本
にんにく——1片
赤とうがらし——1本
スパゲティのゆで汁——大さじ1〜2
塩——小さじ1/8
こしょう——少々
オリーブ油——大さじ1

作り方
1. キャベツは、ひと口大に切ります。アスパラガスは根元のかたい部分の皮をむき、斜めに3〜4つに切ります。
2. にんにくは薄切り、赤とうがらしは半分に切って、種をとります。生ハムは、1枚を2〜4つに切ります。
3. スパゲティをAで表示時間どおりにゆで始めます。
4. フライパンに油を熱します。にんにく、とうがらしを弱めの中火で、香りが出て、薄茶色に色づくまでいためます。
5. スパゲティのゆであがり3分前に、3にキャベツ、アスパラを加え、一緒にゆであげて水気をきります(ゆで汁は大さじ1〜2とりおきます)。
6. 4に5を入れ、ゆで汁をからめながら中火で手早くいため、塩、こしょうで味をととのえます。
7. 皿に盛り、生ハムをのせます。

1人分498kcal

sub
グリルチキン　さっぱり野菜ソース

材料(2人分)
とりもも肉(皮つき)——1枚(約250g)
［塩——小さじ1/3
　黒こしょう——少々］
＜さっぱり野菜ソース＞
きゅうり——1/2本
　塩——少々
ミニトマト——2個
たまねぎ——1/4個(50g)
A［酢——大さじ1
　 塩——小さじ1/6
　 こしょう——少々
　 サラダ油——大さじ1］

作り方
1.野菜ソースを作ります。きゅうりは5〜6mm角に切り、塩をふります。しんなりしたら、水気をしぼります。トマトは横半分に切り、種をとり除いて5mm角に切ります。たまねぎはすりおろします。Aは合わせ、材料全部を加えて混ぜます。
2.肉は半分に切り、両面に塩、こしょうをまぶしつけます。
3.肉を、グリルで中に火が通るまで、中火で片面5〜6分ずつ焼きます(竹串を刺してみて、出てくる汁が透明なら焼きあがりです)。
4.皿に肉を盛り、野菜ソースをかけます。

1人分328kcal

main + sub + drink で 生ハムとアスパラガスのスパゲティの献立

30 min

* Time schedule *

スパゲティ	湯をわかす　具の下準備	ゆで始める	いためる
グリルチキン	野菜ソースを作る	肉の下準備→焼く	
	Start!	15min	30min

メインのいためものは、食欲を誘うピリッとした辛みが特徴です。
サブのおかずのチンゲンサイで青み野菜もたっぷりとれます。

main
とり肉の辛味いため

材料(2人分)
とりもも肉——大1枚(約300g)
A[酒——大さじ1
　 しょうゆ——大さじ½
　 かたくり粉——大さじ1]
ねぎ——1本
しょうが——1かけ(10g)
赤とうがらし——1本
レタス*——150g
サラダ油——大さじ1
B[砂糖——大さじ1
　 酢・しょうゆ——各大さじ1½
　 酒——大さじ½
　 こしょう——少々]

*生で食べられる葉野菜なら好みのもので

作り方
1. とり肉は2cm角に切り、Aを順にもみこみます。
2. ねぎはぶつ切りにし、しょうがは皮をこそげて薄切りにします。とうがらしは種をとって4つに切ります。レタスは細切りにし、皿に盛ります。
3. Bは合わせます。
4. 大きめのフライパンに油を熱し、しょうが、とうがらしを弱火でいためます。香りが出たら、とうがらしをとり出し、肉、ねぎを入れて中火でいためます。
5. 肉の色が変わったらBを加え、全体にからめるようにして、約2分いため煮にします。
6. レタスの上に、5を盛り、とうがらしをのせます。

1人分429kcal

main + sub + rice + soup でとり肉の辛味いための献立

40 min

sub
青菜のにんにくソース

材料(2人分)
チンゲンサイ——2株(約240g)
A[塩——小さじ⅙
　 サラダ油——小さじ1]
にんにく——1片
サラダ油——大さじ½
B[オイスターソース——大さじ1
　 酒——大さじ½]

作り方
1. チンゲンサイは株を4つ割りにし、長さを半分に切ります。
2. にんにくはみじん切りにします。
3. 湯約カップ2(400ml)をわかします。Aを入れ、チンゲンサイを約1分ゆでて水気をきります。
4. フライパンに油大さじ½を熱し、にんにくを弱火でいためます。薄茶色に色づいたら、3を入れます。油がなじんだらBを加えてひと混ぜし、火を止めます。

1人分63kcal

soup
しいたけのシンプルスープ

材料(2人分)
スライス干ししいたけ——5g
万能ねぎ——1本
水——カップ2½(500ml)
A[スープの素(顆粒)——小さじ½
　 しょうゆ——小さじ1
　 塩——小さじ⅙
　 こしょう——少々]

作り方
1. スライスしいたけはさっと洗います。万能ねぎは小口切りにします。
2. 鍋に、分量の水とスライスしいたけを入れて中火にかけます。沸とうしたら弱火にし、約3分煮てAで調味します。器に盛り、ねぎを散らします。

1人分11kcal

* Time schedule *

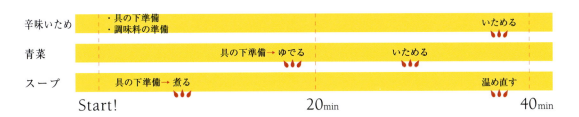

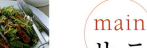

ステーキ肉1枚でも、かさのある野菜を組み合わせればボリュームがでます。
煮るだけのスープ風のおかずと、電子レンジで作れるかぼちゃのディップで、味と彩りに変化を

main
サラダ仕立てのステーキ

材料(2人分)
牛肉(ステーキ用)＊──大1枚(250g)
　塩──小さじ1/4
　黒こしょう──少々
　サラダ油──大さじ1/2
水菜──100g
紫たまねぎ または たまねぎ──30g
A
　ワインビネガー(白)──大さじ1
　塩──小さじ1/6
　こしょう──少々
　オリーブ油──大さじ2
フライドオニオン(市販品)──適量

＊サーロインやリブロース、脂肪分の少ないももやヒレ肉などでも作れます

作り方
1. 水菜は、4cm長さに切ります。紫たまねぎは、薄切りにします。両方一緒に冷水に放し、パリッとしたら水気をよくきります。
2. Aは合わせます。
3. 肉は、塩、こしょうをふります。
4. フライパンに油を熱し、肉を入れます。強火で焼き色をつけます。中火にして約1分焼き、裏返してさらに1分ほど焼きます。ひと口大に切り、野菜と一緒にAであえます。
5. 皿に盛り、フライドオニオンを散らします。

1人分592kcal

main + sub.1 + sub.2 + drink でステーキの献立

30 min

sub.1
小たまねぎとにんじんのスープ煮

材料(2人分)
にんじん──1/2本(100g)
小たまねぎ(ペコロス)──6個
白ワイン──大さじ1
塩・こしょう──各少々
(あれば)セルフィーユ──2本
〈スープ〉
水──カップ2(400ml)
スープの素(顆粒)──小さじ1/2

作り方
1. にんじんは、1.5cm厚さの輪切りにします。ペコロスは両端を切り、皮をむきます(少しぬらすと、むきやすくなります)。
2. 鍋にスープを温め、1を入れて強火で煮ます。沸とうしたら、ワインを加えます。弱火にしてふたをし、約15分、野菜がやわらかくなるまで煮ます。塩、こしょうで味をととのえます。器に盛り、セルフィーユを飾ります。

1人分61kcal

sub.2
かぼちゃとクリームチーズのディップ

材料(2人分)
かぼちゃ──100g
クリームチーズ(ひと口サイズ)
　──1個(20g)
バゲット(スライスする)──4枚
A
　プレーンヨーグルト──大さじ1
　マヨネーズ──大さじ1
　レモン汁 または 酢──小さじ1/2
　塩・こしょう──各少々

作り方
1. かぼちゃは種とわたをとり、2cm角に切ります。ラップをして、電子レンジで3〜4分加熱します。熱いうちに、皮ごとフォークでつぶします。
2. クリームチーズもフォークであらくつぶします。
3. Aを合わせ、1、2を混ぜます。器に盛ります。
4. バゲットは軽く焼き、3に添えます。

1人分288kcal

* Time schedule *

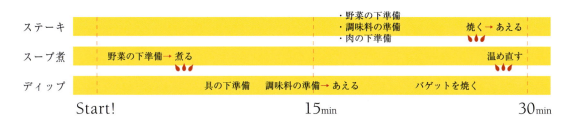

電子レンジを使えば、魚の蒸しものもぐっと短時間で作れます。
厚揚げを使ったいためものを組み合わせ、全体にボリューム感を出します

main + sub + rice + soup で 切り身魚のレンジ蒸しの献立 ― 30min

main 切り身魚のレンジ蒸し

材料（2人分）
白身魚（銀だら、たいなど）
　——2切れ（200g）
　塩——小さじ¼
　酒——大さじ1
ねぎ（青い部分）——1本分
　　（白い部分）——5cm
しょうが——小1かけ（5g）
えのきだけ——1袋（100g）
しいたけ——3個
ごま油——大さじ1
ぽん酢しょうゆ——大さじ2

この状態で、ラップをして電子レンジにかけます

作り方
1. ねぎの青い部分は、ぶつ切りにします。しょうがは皮をむき、細切りにします。皮はとりおきます。耐熱皿に魚をのせ、塩、酒をふります。ねぎの青い部分としょうがの皮をのせ、10分ほどおきます。

2. ねぎの白い部分は縦半分に切って芯を除き、斜め薄切りにします。1の細切りにしたしょうがと一緒に、水にさらして水気をきります。

3. えのきだけは根元を切り落としてほぐし、しいたけは軸をとって2〜4つのそぎ切りにします。

4. 1の魚に3のえのきだけ、しいたけをのせてラップをし、電子レンジで約6分加熱します。

5. 4の、青ねぎ、しょうがの皮をとり除き、器に盛ります。2のねぎ、しょうがをのせます。

6. 小鍋でごま油を熱し、熱々を魚にかけます。ぽん酢しょうゆをかけて食べます。
　　　　　　　　　　　　　　　　　　1人分311kcal

sub 厚揚げと野菜のみそいため

材料（2人分）
厚揚げ（生揚げ）——½枚（100g）
なす——2個
ししとうがらし——6本
赤とうがらし（種をとる）——½本
ごま油——大さじ1
A ┌ 砂糖——大さじ½
　│ みそ——大さじ1½
　│ みりん——大さじ½
　│ 酒——大さじ1
　└ 水——大さじ3
（必要に応じて）しょうゆ——少々

作り方
1. 厚揚げは、縦半分に切ります。端から7〜8mm厚さに切ります。Aは合わせます。

2. なすは縦半分に切り、1cm厚さの斜め切りにします。ししとうは軸先を少し切ります。

3. 大きめのフライパンに油を熱し、赤とうがらしを香りが出るまで弱火でいためます。

4. なすを入れて中火でいため、油が全体になじんだらししとうを入れ、さっといためます。厚揚げ、Aを加えて火を強め、手早く全体を混ぜながらいためます。汁気が少なくなったら、火を止めます（味をみて、塩味がたりない場合は、しょうゆを加えて味をととのえます）。
　　　　　　　　　　　　　　　　　　1人分193kcal

soup お吸いもの

メインおかずとサブおかずの両方とも、味が濃いめなので、さっぱりとしたお吸いものを合わせると、味のバランスがとれます

材料と作り方
とうふ¼丁（約70g）は7〜8mm角に、ねぎ3cmは斜め薄切りします。鍋にだしカップ2（400ml）を温め、とうふ、ねぎを入れて煮立てます。しょうゆ、塩各少々で味をととのえ、火を止めます。
　　　　　　　　　　　　　　　　　　1人分25kcal

17

* Time schedule *

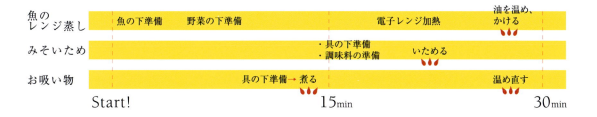

骨つき肉を使った、しっかりとした味わいのトマト煮こみには、
さわやかな酸味のサラダを合わせ、味と食感のバランスをとります

main
チキンのトマト煮こみ

main + sub + bread + drink で チキンのトマト煮こみの献立

30 min

材料(2人分)
とり骨つきぶつ切り肉
　　——6〜7切れ(300g)
　塩——小さじ1/6
　こしょう——少々
　小麦粉——大さじ1
マッシュルーム*——6個
じゃがいも——1個(150g)
たまねぎ——1/2個(100g)
にんにく——1/2片
A［カットトマト水煮缶詰
　　　——1/4缶(100g)
　　白ワイン——カップ1/2(100ml)
　　水——カップ1/4(50ml)
　　スープの素(固形)——1個］
サラダ油——大さじ1
塩・こしょう——各少々
パセリのみじん切り——少々

＊缶詰のマッシュルームで代用できます

作り方
1. 肉に塩、こしょうをふり、約5分おきます。
2. マッシュルームは石づきをとり、大きいものは縦半分に切ります。じゃがいもは皮をむいて4〜6つに切り、水にさらして水気をきります。たまねぎは薄切りにし、にんにくはあらみじんに切ります。
3. 肉に小麦粉をまぶします。厚手の鍋に油を熱し、中火でたまねぎ、にんにくをいためます。たまねぎがしんなりしたら肉を入れ、表面に焼き色がしっかりつくまで焼きます。
4. マッシュルーム、じゃがいも、Aを缶汁ごと加え、沸とうしたら、アクをとります。弱火にし、鍋のふたをずらしてのせて、7〜8分、じゃがいもがやわらかくなるまで煮ます。塩、こしょうで味をととのえ、火を止めます。
5. 器に盛り、パセリをふります。

1人分404kcal

sub
アボカドディップのサラダ

材料(2人分)
アボカド——1/2個(約100g)
A［酢——大さじ1・1/2
　　塩——小さじ1/6
　　こしょう——少々
　　サラダ油——大さじ3］
きゅうり——1本
　塩——少々
レタス——1/4個(約70g)

作り方
1. Aは合わせます。
2. アボカドディップを作ります。アボカドは縦にぐるりと包丁を入れ(a)、手でひねります(b)。包丁の角を利用して種をとり(c)、皮をむきます。1/2個分の果肉をフォークであらくつぶし、Aの半量と混ぜ合わせます。

a

b

c

3. きゅうりは2cm大の乱切りにし、塩少々をふります。しんなりしたら、水気をきります。レタスは、芯をつけたまま、縦に2等分します。
4. きゅうり、レタスを皿に盛り、2のアボカドディップを添えます。残りのAを添え、レタスにかけて食べます。

1人分260kcal

* Time schedule *

ハワイの定番料理を和風にアレンジ。忙しいときは、市販のすし酢ですしめしを作るのがおすすめ。しっかりした味つけのとうふステーキと、残った素材を利用したみそ汁を添えて

main + sub + soup でポキ丼寿司の献立 ― 40min

main
ポキ丼寿司

材料(2人分)
まぐろ(赤身)——200g
A [すりごま(白)——大さじ1½
    酒・しょうゆ——各大さじ1½
    ラー油・サラダ油——各大さじ½]
アボカド——1個(200g)
　レモン汁——大さじ½
紫たまねぎ——50g
温かいごはん——400g
　すし酢*——大さじ2
きざみのり——大さじ2

*手づくりする場合は、酢大さじ2、砂糖大さじ1、塩小さじ⅓をよく混ぜます

作り方
1. Aは合わせ、大さじ2をとりおきます。まぐろは1.5cm角に切り、残りのAに10分ほどつけます。
2. アボカドは縦にぐるりと包丁を入れてひねり、種をとって皮をむきます(P.18)。まぐろと同じくらいの大きさに切ります。レモン汁をふります。
3. たまねぎは薄切りにします。
4. ごはんにすし酢を混ぜ、すしめしを作ります。
5. 器にすしめしを盛ります。とりおいたAを大さじ1ずつかけます。きざみのり、たまねぎ、まぐろ、アボカドを盛ります。

1人分723kcal

sub
野菜たっぷり　とうふステーキ

材料(2人分)
もめんどうふ——½丁(150g)
A(塩・こしょう——各少々)
サラダ油——小さじ2
ピーマン(緑)——1個
赤ピーマン(大)——¼個(約40g)
しめじ——1パック(100g)
アンチョビ(フィレ・きざむ)——2枚
(またはアンチョビペースト——小さじ2)
B [白ワイン——大さじ1
    しょうゆ・こしょう——各少々]

作り方
1. ピーマンは輪切り、赤ピーマンは細切りにします。しめじは小房に分けます。
2. とうふは厚みを半分に切り、ペーパータオルでくるんで皿にのせ、電子レンジで約1分30秒加熱して水気をきります。Aをふり、アンチョビを所々塗りつけます。
3. フライパンに油小さじ1を熱して2を入れ、両面に焼き色がつくまで焼き、とり出します。
4. 油を小さじ1をたして1をいためます。Bで味をととのえ、火を止めます。とうふにのせます。

1人分119kcal

soup
紫たまねぎとピーマンのみそ汁

材料(2人分)
紫たまねぎ——50g
赤ピーマン(大)——¼個(約40g)
だし——カップ2½(500ml)
みそ——大さじ2

作り方
1. たまねぎは薄切り、赤ピーマンは細切りにします。
2. 鍋にだしを温めて1を入れ、中火で2～3分煮ます。
3. みそをとき入れ、煮立つ前に火を止めます。

1人分52kcal

* Time schedule *

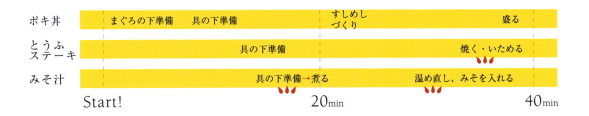

おなじみの味をクリーミーに、しかも特別おいしく作れるレシピはこれ。
メインでたりない野菜をサラダでおぎない、スパゲティのクリーム味に合うさっぱりした味つけに

main ＋ sub ＋ drink で カルボナーラの献立 —— 40min

main カルボナーラ

材料（2人分）
スパゲティ（1.6〜1.8mm太さ）——160g
［湯——2ℓ
塩——大さじ1］
ベーコン——3枚（60g）
A［生クリーム——カップ1/2（100ml）
白ワイン——大さじ1］
黒こしょう——適量
〈チーズソース〉
卵黄——2個
粉チーズ*——大さじ2
生クリーム——大さじ2
塩——小さじ1/3
黒こしょう——少々

*パルミジャーノ・レッジャーノを使うと、風味とうま味が加わり、よりおいしくなります

作り方

1. 分量の湯をわかし、塩を加えます。
2. 大きめのボールにチーズソースの材料を順に合わせ、よく混ぜます。
3. ベーコンは、細切りにします。
4. スパゲティを表示の時間どおりにゆで始めます。スパゲティがゆであがる1分ほど前にベーコンを加え、一緒にゆでます。ゆであがったら、ざるにあげて水気をきります。
5. 4でベーコンをゆでるのと同時進行で、フライパンにAを合わせて中火にかけます。混ぜながらとろりとするまで1分ほど煮つめ、火を止めます。熱いうちにスパゲティ、ベーコンを入れ、全体を大きく混ぜます。
6. 5をチーズソースのボールに入れ、手早く混ぜます（ゆっくりしていると、卵に熱が入って、ポロポロになってしまうので注意します）。皿に盛り、黒こしょうをふります。

1人分806kcal

sub ハーブ風味のチキンサラダ

材料（2人分）
とりむね肉（皮なし）——1枚（150g）
A［オレガノ（粉末）——小さじ1/4
塩——小さじ1/4
黒こしょう——少々
白ワイン　または　酒——大さじ1/2］
プリーツレタス*——100g
たまねぎ——1/8個（25g）
ラディッシュ——3個
セロリ——1/2本（50g）
〈ドレッシング〉
ワインビネガー（白）——大さじ1＋レモン汁——大さじ1/2
（または　酢——大さじ1 1/2）
塩——小さじ1/6
こしょう——少々
オリーブ油——大さじ2

*グリーンカール、サニーレタスなど好みのもので

作り方

1. とり肉は、厚みが均一になるように切り開きます（火が均一にいきわたるようにするため／写真a〜cの要領で片側を開いたあと、dのように上下を逆にして反対側も同様に開きます）。

a　　　　b　　　　c　　　　d

肉を耐熱皿にのせてAを順にふり、5分ほどおきます。ラップをし、電子レンジで2〜3分加熱します。あら熱がとれたら、食べやすい大きさに切ります。
2. レタスは、約2cm角にちぎります。たまねぎは薄切りにし、水にさらして水気をきります。ラディッシュはくし形に切ります。セロリは葉を除いて筋をとり、3cm長さの薄切りにします。
3. ドレッシングの材料を合わせ、1、2をあえます。

1人分213kcal

* Time schedule *

メインのおかずは、野菜をたっぷり使ったピリ辛味。
不足しがちな海藻、小魚のサラダ、ほのかに甘いコーンスープを合わせて栄養と味わいのバランスを

main
野菜とひき肉のみそいため

main + sub + rice + soup で 野菜とひき肉のみそいための献立

40 min

材料（2人分）
豚ひき肉——120g
　酒——小さじ2
キャベツ——250g
ピーマン——2個
　水——大さじ1
ねぎ——1/2本
にんにく——1/2片
サラダ油——大さじ1
A [
　みそ（あれば赤みそ）——大さじ2
　水——大さじ2
　酒——大さじ1
　砂糖——小さじ2
　豆板醤（トーバンジャン）——小さじ1/3
　しょうゆ——小さじ1
]
水どきかたくり粉
[
　かたくり粉——小さじ1/2
　水——小さじ1
]

作り方
1. ひき肉に、酒小さじ2をふります。Aは合わせます。水どきかたくり粉を作ります。
2. キャベツは4〜5cm角に切り、ピーマンは縦半分に切って、乱切りにします。ねぎは斜め薄切りに、にんにくは包丁の腹でつぶして、あらみじん切りにします。
3. 大きめのフライパンに油大さじ1/2を熱し、キャベツ、ピーマンをいためます。油がなじんだら、水大さじ1を加えてふたをし、1〜2分火を通します。とり出します。
4. 油大さじ1/2を入れ、ねぎ、にんにくを中火でいためます。香りが出たら肉を入れ、パラパラになるまで、よくいためます。Aを加えて混ぜながらいため、全体になじんだら、3をもどし入れて混ぜます。
5. いったん火を止めて、水どきかたくり粉を再び混ぜてから加えます。再び中火にかけて混ぜながらいため、とろみがついたら火を止めます。

1人分282kcal

sub
切りこんぶのサラダ

材料（2人分）
切りこんぶ（生）——50g
しらす干し——15g
黄ピーマン（大）——1/4個（約40g）
しょうが——小1かけ（5g）
中国風ドレッシング
（市販品またはP.80のもの）
　——大さじ2

作り方
1. ピーマンは、横半分に切って、細切りにします。しょうがは皮をこそげて、せん切りにします。
2. 鍋に湯をわかし、ピーマンをさっとゆで、とり出します。同じ湯を、切りこんぶとしらす干しにかけ、水気をきります。切りこんぶは、食べやすい長さに切ります。
3. 全部をドレッシングであえます。

1人分79kcal

soup
中国風コーンスープ

材料（2人分）
スイートコーン缶詰（クリームスタイル）
　——小1缶（190g）
たまねぎ——1/8個（25g）
サラダ油——小さじ1
卵——1個
A [
　水——カップ1（200ml）
　スープの素（顆粒）——小さじ1
　塩——小さじ1/6
　こしょう——少々
]

作り方
1. たまねぎは、あらみじんに切ります。鍋に油を熱し、しんなりするまでいためます。
2. A、スイートコーンを加え、混ぜながら煮立てます。
3. 卵をときほぐして、2に少しずつ糸状に加えます。ざっと混ぜ、火を止めます。

1人分146kcal

* Time schedule *

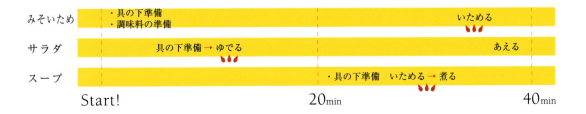

26

しそと香ばしいガーリックの風味が魚のうま味をひきたてます。
ズッキーニのソテーはチーズ風味にして変化をつけるぶん、スープはやさしい味つけに仕上げます

main + sub + bread + soup で 切り身魚のソテーの献立

40 min

main
切り身魚のソテー しそガーリック風味

材料(2人分)
ぶり＊——2切れ(200g)
A ┌ 塩——小さじ¼
　 │ こしょう——少々
　 └ 牛乳——大さじ½
B ┌ しその葉——5枚
　 │ パン粉——15g(約カップ½弱)
　 └ にんにく——½片
オリーブ油——大さじ2
(あれば)ラディッシュ——2個
　塩——少々
クレソン——適量
レモン(くし形に切る)——½個

＊ほかに、かじきまぐろ、すずきなどでも

作り方
1. ぶりは、Aをまぶし、5分おきます。
2. しその葉は細切り、にんにくはみじん切りにして、Bを合わせます。
3. ぶりの両面にBをまぶしつけます。
4. フライパンに油大さじ1を熱してぶりを入れ、下にした面に焼き色がつくまで中火で3～4分焼きます。
5. ぶりを裏返して油大さじ1をたし、さらに2～3分焼きます。
6. つけ合わせのラディッシュは、薄い輪切りにします。塩少々をふり、1～2分おいて、水気をきります。
7. 皿にぶりを盛り、ラディッシュ、クレソン、レモンを添えます。

1人分416kcal

sub
焼きズッキーニのチーズのせ

材料(2人分)
ズッキーニ——小1本(100g)
　オリーブ油——大さじ½
　塩・こしょう——各少々
スライスチーズ(溶けるタイプ)——2～3枚

作り方
1. ズッキーニは、1～2cm厚さの輪切りにします。
2. チーズは、1枚を4つに切ります。
3. フライパンに油を熱してズッキーニを入れ、中火で焼きます。下にした面に焼き色がついたら裏返し、塩、こしょうをふります。
4. ズッキーニの上にチーズをのせ、ふたをして約1分、チーズが溶けるまで焼きます。

1人分152kcal

soup
具だくさん 野菜スープ

材料(2人分)
たまねぎ——¼個(50g)
じゃがいも——小1個(100g)
セロリ——5～6cm(30g)
ミニトマト——4個
サラダ油——小さじ1
A ┌ 水——カップ2(400ml)
　 └ スープの素(固形)——1個
塩・こしょう——各少々

作り方
1. じゃがいもは1.5cm角に切り、たまねぎ、セロリは1.5cm角の薄切りにします。
2. ミニトマトは、半分に切ります。
3. 鍋に油を熱して1を入れ、中火でいためます。しんなりしたらAを加え、沸とうしたら弱火にし、ふたをしてやわらかくなるまで煮ます。
4. トマトを加え、約1分煮ます。塩、こしょうで味をととのえ、火を止めます。

1人分75kcal

* Time schedule *

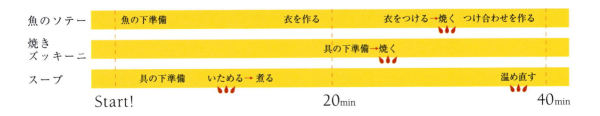

ごはんのすすむ、しっかりした味つけのいためものには、
さっぱりしたサラダを合わせます。スープには、ザーサイでうま味を加えました

main + sub + rice + soup で 牛肉のオイスターいための献立

30 min

main
牛肉と長いものオイスターいため

材料(2人分)
牛カルビ肉(焼き肉用)——150g
A[酒——小さじ1
  しょうゆ——小さじ½
  かたくり粉——小さじ½]
長いも——150g
しいたけ——4個
グリーンアスパラガス——3本
サラダ油——大さじ1
B[オイスターソース——大さじ½
  酒——大さじ1
  しょうゆ——小さじ1
  豆板醤(トーバンジャン)——小さじ⅓]

作り方
1. 牛肉は1.5cm幅に切ります。Aを順にもみこんで約10分おきます。
2. 長いもは皮をむき、4～5cm長さ、1.5cm角の棒状に切ります。しいたけは軸をとり、半分にそぎ切りにします。アスパラガスは根元のかたい部分の皮をむいて、4～5cm長さに切り、縦半分に切ります。
3. Bは合わせます。
4. 大きめのフライパンに油を熱し、強火で肉をいためます。肉の色が変わったら2を入れ、全体に油がなじむまで、1分半ほどいためます。
5. Bを加え、汁気がほとんどなくなるまで、約1分いためて火を止めます。

1人分468kcal

中国風のいためものは、手早さがおいしさにつながります。使う調味料は、いためる前に作っておくと、一気に仕上げられます。

sub
トマトともやしのさっぱりサラダ

材料(2人分)
トマト——1個(200g)
もやし——½袋(100g)
  塩——少々
ロースハム——2枚
〈ドレッシング〉
酢——大さじ1
しょうゆ——大さじ½
砂糖——小さじ¼
ごま油——小さじ1

作り方
1. トマトはひと口大に切ります。もやしは、時間があればひげ根をとり、さっとゆでます。水気をきり、塩をふります。
2. ハムは細切りにします。
3. ドレッシングの材料を合わせ、食べる直前に全部をあえます。

1人分83kcal

soup
ザーサイとレタスのスープ

材料(2人分)
レタス——80g
にんにく——1片
  サラダ油——大さじ½
味つきザーサイ(びん詰めなど)——15g
塩・こしょう——各少々
〈スープ〉
水——カップ2½(500ml)
スープの素(固形)——1個

作り方
1. レタスは、ひと口大にちぎります。にんにくは薄切りにします。
2. ザーサイは、2cm長さに切ります。
3. 鍋に、にんにくと油を入れて弱火でいため、にんにくが薄茶色に色づいたら、スープ、ザーサイを入れて強火で煮立てます。
4. レタスを入れ、塩、こしょうで味をととのえ、火を止めます。

1人分46kcal

＊ Time schedule ＊

オイスター いため	肉の下準備　野菜の下準備	調味料の準備	いためる
サラダ	具の下準備 ゆでる	ドレッシングづくり→あえる	
スープ	具の下準備		いためる→煮る

Start!　　　　　　　　　　　15min　　　　　　　　　　30min

メインのおかずが、主食を兼ねたボリュームたっぷりのめん料理なので、シンプルな素材で作る、あえものとスープを合わせます

main + sub + soup であんかけ焼きそばの献立

40 min

main 五目あんかけ焼きそば

材料(2人分)
豚肩ロース肉(薄切り)——80g
むきえび——50g
A [酒——大さじ½
    塩——少々]
きくらげ——4～5個
チンゲンサイ——1½株(約180g)
しょうが——小1かけ(5g)
中華蒸しめん——2玉
サラダ油——大さじ2
酒——大さじ2
B [水——カップ1½(300ml)
    スープの素(顆粒)——大さじ½
    砂糖——大さじ½
    酒——大さじ1
    塩——小さじ¼
    しょうゆ——小さじ1
    こしょう——少々]
水どきかたくり粉
(かたくり粉・水——各大さじ1強)

作り方
1. きくらげは水でもどし、石づきをとって食べやすい大きさに切ります。
2. チンゲンサイは葉と茎の部分とに切り分けます。葉は3～4cm長さに切り、茎は6～8つ割りにします。しょうがは皮をこそげて薄切りにします。
3. 肉は2cm幅に、むきえびは背わたをとって、大きければ2～3つに切ります。一緒にAをもみこみます。
4. Bは合わせます。水どきかたくり粉を作ります。
5. 大きめのフライパンに油大さじ1を熱し、めんを広げるようにして入れ、焼きつけます。途中、酒大さじ2を加えて、上下を返して焼きます。皿に盛ります。
6. 油大さじ1をたし、強火で肉、えび、しょうがをいためます。肉の色が変わったら、1、チンゲンサイを入れます。全体に油がまわったらBを加えて煮立たせ、中火で1分ほど煮ます。水どきかたくり粉を再び混ぜてから加えます。混ぜながらとろみをつけ、火を止めます。めんにかけます。

1人分625kcal

sub かにかまのあえもの

材料(2人分)
かにかまぼこ——2本(40g)
だいこん——3cm(約120g)
(または きゅうり——1本)
ねぎ——10cm
塩——少々
A [酢——大さじ1
    しょうゆ——小さじ½
    砂糖——少々
    ごま油——大さじ½]

作り方
1. かにかまぼこは、細くさきます。
2. だいこんは5～6mm角の棒状に(きゅうりの場合は斜め細切り)、ねぎは5cm長さに切って芯を除き、細切りにします。合わせて塩をふり、しんなりしたら水気をしぼります。
3. Aを合わせ、1、2をあえます。

1人分63kcal

soup 青菜のシンプルスープ

材料(2人分)
チンゲンサイ——1/2株(約60g)
ねぎ——10cm
しょうが——小1かけ(5g)
A [水——カップ2(400ml)
    スープの素(顆粒)——小さじ½]
しょうゆ——小さじ1
塩・こしょう——各少々

作り方
1. チンゲンサイの茎は3cm長さ、葉はざく切りにします。ねぎは斜め薄切りにします。
2. しょうがはすりおろし、汁をしぼります。
3. 鍋にAを煮立て、1を入れて1～2分煮ます。しょうが汁、しょうゆ、塩、こしょうで味をととのえます。

1人分8kcal

* Time schedule *

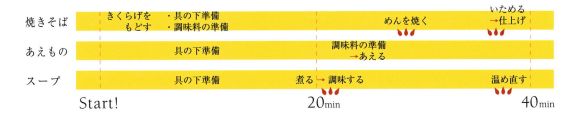

ヒレ肉で作るポークソテーは、香味野菜とワインの風味で仕上げました。
グリーンサラダと豆のスープを組み合わせて、栄養バランスもととのえます

main + sub + bread + soup で 豚ヒレ肉のソテーの献立 — 30min

main 豚ヒレ肉のソテー　香味ソース

材料(2人分)
豚ヒレ肉(かたまり)——200g
　塩・こしょう——各少々
　小麦粉——大さじ½
　サラダ油——大さじ½
〈香味ソース〉
にんにく——½片
セロリ——5〜6cm(30g)
バター——10g
A ┃ 白ワイン——カップ½(100ml)
　 ┃ 砂糖——小さじ⅓
　 ┃ しょうゆ——小さじ1

〈つけ合わせ野菜〉
トマト——小1個(150g)
さやいんげん——50g
　バター——10g
　塩・こしょう——各少々

作り方
1. 肉は8切れ(約1cm厚さ)に切ります。塩、こしょうをふり、小麦粉をまぶします。
2. 香味ソースのにんにく、セロリはみじん切りにします。つけ合わせのトマトは7〜8mm厚さの輪切りにし、種をとります。いんげんはゆで、4〜5cm長さに切ります。
3. フライパンにバター10gを溶かし、トマトの両面といんげんを約1分焼いて塩、こしょうで調味し、とり出します。皿に盛ります。
4. フライパンの汚れをふいて油大さじ½を熱し、肉の両面を中火で3〜4分焼き、中までしっかり火を通します。肉をとり出し、皿に盛ります。
5. 同じフライパンにバター10g、にんにく、セロリを入れて中火にかけ、香りが出たらAを加えます。沸とうしたら弱めの中火にし、4〜5分煮つめます。肉にかけます。

1人分259kcal

sub 変わりシーザーサラダ

材料(2人分)
レタス(あればロメインレタス)——80g
クレソン——½束(20g)
〈ドレッシング〉
卵黄——1個
アンチョビペースト——小さじ1
(または　アンチョビのフィレ(みじん切り)——1切れ分)
粉チーズ——大さじ½
酢——大さじ1
こしょう——少々
オリーブ油——大さじ1

作り方
1. レタスは、食べやすい大きさにちぎります。クレソンは、葉をつみとります(茎の部分は、スープに使ってもよいでしょう。その場合は、レタスと一緒に入れます)。
2. ドレッシングの材料を合わせ、食べる直前に野菜をあえます。

1人分120kcal

soup レンズ豆のスープ

材料(2人分)
レンズ豆(皮なし)＊——30g
レタスなどの葉もの野菜——20g
たまねぎ——¼個(50g)
　サラダ油——小さじ1
A ┃ 水——カップ2½(500ml)
　 ┃ スープの素(固形)——1個
塩・こしょう——各少々

＊豆の水煮60gで代用できます。
加熱時間は5分ほどでできあがります

皮なしのレンズ豆は、下ゆでなしで短時間煮るだけで食べられます

作り方
1. レタスは食べやすい大きさに切ります。たまねぎは薄切りにします。
2. 豆は、水でさっと洗い、水気をきります。
3. 鍋に油を熱し、たまねぎを中火でいためます。しんなりしたら、豆、Aを入れて煮立てます。弱火にしてふたをし、12〜13分煮ます。
4. レタスを加え、塩、こしょうで味をととのえ、火を止めます。

1人分86kcal

* Time schedule *

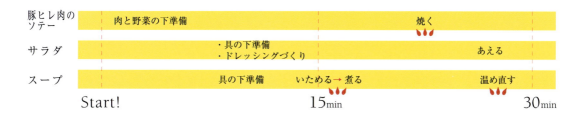

便利なたれ＆ソースレシピ

「あと1品ほしい！ でも作るのはめんどう」というとき、
強い味方になるのが作りおきのたれとソース。
作りやすく、使いやすい3種類をご紹介します

I. トマトソース

材料（できあがり量：約230g）
トマト水煮缶詰——1缶（400g）
A ┌ たまねぎ——½個（100g）
　└ にんにく——1片
オリーブ油——大さじ1
B ┌ 白ワイン——大さじ1
　│ 塩——小さじ½強
　└ こしょう——少々
（あれば）オレガノ（粉末）——少々

作り方
1. Aの野菜は、みじん切りにします。
2. 鍋に油を熱し、中火で1をいためます。香りが出てしんなりしたら、トマトを缶汁ごとざるにとり、こしながら入れます。Bを加え、煮立ったら弱火にし、アクをとりながら、15〜20分煮つめます。
3. 木べらで鍋底に一文字を書いて、少しあとが残るくらいになったら火を止めます。オレガノを加え、ひと混ぜします。

保存
密閉できる清潔なびんか保存用ポリ袋に入れ、冷蔵：約1週間　冷凍：約3週間

トーストしたバゲットにのせて

ごはんにのせ、チーズをかけてオーブン焼き

II. 辛味だれ

材料（できあがり量：約140g）
ねぎ——¼本（25g）
にんにく——1片
いりごま（白）——大さじ½
粉とうがらし*——大さじ½
　（または一味とうがらし——少々）
砂糖——大さじ2
しょうゆ——大さじ4
酒——大さじ1½

＊韓国産で、パウダーのように細かな粉状。日本のものより、辛味がマイルド

作り方
1. ねぎ、にんにくは、みじん切りにします。
2. 1と残りの材料すべてをよく混ぜ合わせます。

保存
密閉できる清潔なびんに入れ、
冷蔵：約1か月

焼き肉のたれに

とうふにのせて、変わり冷奴に

III. ハーブソース

材料（できあがり量：約130g）
パセリ（バジル、ルッコラでも）——5枝（約50g）
松の実——大さじ2½（25g）
にんにく——1片
A ┌ 塩——小さじ¼
　└ こしょう——少々
オリーブ油——カップ¼（50ml）

作り方
1. パセリは、葉と茎に分けます。松の実は、フライパンでうっすら色づくまで弱火でいります。
2. パセリの茎、松の実、にんにくをクッキングカッターにかけ、あらみじんにします。
3. 2にパセリの葉を加え、なめらかになるまでさらにクッキングカッターにかけます。
4. Aを加え、油を2回に分けて加えながら、クッキングカッターにかけ、ペースト状にします。

保存
密閉できる清潔なびんか、保存用ポリ袋に入れ、冷蔵：約2週間　冷凍：約1か月

パスタにからめたり、ピッツァソースに

ゆで野菜にからめて

Chapter 2 休日の夕ごはん献立

楽しみながら、ゆったり作る

休日には、少し時間をかけて夕ごはんづくり。
とっておきの11の献立

中がとろりとした半熟のオムレツを作るには、卵液を入れてから約30秒で手早く焼きあげます。
サラダにはたっぷりのほうれんそうを使い、野菜を充分にとります。

main
チーズオムライス

main + sub + drink で チーズオムライスの献立

30 min

材料（2人分）
＜チキンライス＞
とり肉（もも または むね）——100g
　塩・こしょう——各少々
たまねぎ——1/4個（50g）
冷凍グリーンピース——大さじ1
温かいごはん——300g
サラダ油——大さじ1
A ┌ トマトケチャップ——大さじ3
　├ 白ワイン——大さじ1
　├ 塩——小さじ1/6
　└ こしょう——少々

＜オムレツ2個分・材料は1個分ずつ用意します＞
直径18cmのフッ素樹脂加工のフライパンが適しています
卵——4個
B ┌ 牛乳——大さじ2
　├ 粉チーズ——大さじ2
　└ こしょう——少々
バター——20g
（好みで）トマトケチャップ——適量

I. チキンライスを作る

1. 肉は1cm角に切り、塩、こしょう各少々をまぶします。
2. たまねぎは、みじん切りにします。グリーンピースは、湯をかけ、水気をきります。
3. フライパンに油を熱し、中火でたまねぎをいためます。しんなりしたら、肉を加えていためます。色が変わったら、ごはんをほぐしながら入れていためます。
4. Aを順に加え、弱火にしてからめるようにして混ぜます。グリーンピースを加えて火を止めます。半量ずつ、皿に盛ります。

II. オムレツを作る

5. 1人分ずつ作ります。卵2個に、Bの半量を加え、よく混ぜます。
6. フライパンにバター10gを弱火で溶かし、半分くらい溶けたら強火にして、5の卵液を一気に流し入れます。
7. フライパンを前後にゆらしてさい箸で手早く混ぜながら、半熟の状態にします（a）。
8. 卵の下の面が少し固まってきたら、火を止めます。手前と向こう側を内側に折り返し、フライパンの向こう側に寄せます（b）。

III. 盛りつける

9. フライパンを立てるようにして持ち、お皿で受けるようにして、チキンライスにオムレツを返してのせます（c）。もう1個も同様にします。

1人分740kcal

a

b

c

sub
ほうれんそうとかぶのサラダ

材料（2人分）
サラダ用ほうれんそう——1束（約200g）
かぶ＊——1個（100g）
ダイスピーナッツ
（またはバターピーナッツを細かくくだく）——20g
＜ドレッシング＞
酢——大さじ1
塩——小さじ1/6
しょうゆ——少々
こしょう——少々
サラダ油——大さじ1 1/2

＊かぶの代わりに、りんごでもおいしく作れます

作り方
1. ほうれんそうは、3〜4cm長さに切ります。かぶは葉を切り落として皮をむき、薄切りにします（a・残った葉は、スープの具などに使えます）。
2. ドレッシングの材料を合わせます。
3. 食べる直前に、かぶ、ほうれんそうをドレッシングであえ、器に盛ります。ピーナッツを散らします。

1人分160kcal

a

main + sub + drink で チーズオムライスの献立

30min

＊ Time schedule ＊

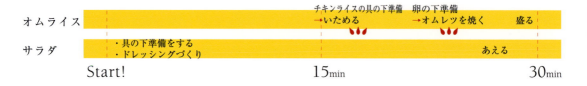

市販の焼き豚を使い、生の肉を扱う場合よりも、ひと手間はぶきました。
揚げものには、シンプルな味つけのあえものやスープを合わせてさっぱりさせるとバランスがとれます

main
春巻き

材料（10本分）
春巻きの皮——10枚
焼き豚（市販）——150g
タアサイ または こまつな——200g
黄にら＊ または にら——50g
ねぎ——½本
緑豆はるさめ＊——20g
　熱湯——適量
サラダ油——大さじ½
揚げ油——適量

A ┌ 酒——大さじ1
　│ 砂糖——小さじ½
　│ 塩——小さじ⅙
　│ しょうゆ——小さじ2
　└ こしょう——少々
水どきかたくり粉
（かたくり粉——小さじ1 ＋ 水——小さじ2）
のり（小麦粉——大さじ1 ＋ 水——大さじ1）
（飾り用）香菜（シャンツァイ）——適量
〈つけだれ〉しょうゆ・酢・練りからし——各適量

＊黄にら
日光を当てずに栽培したにら。にら特有のクセがなく、香りもおだやかで、やわらかい中国野菜

＊緑豆はるさめ
緑豆のでんぷんから作られるはるさめ。煮くずれたり溶けたりすることがないため、長時間火を通す料理に向きます。

main + sub + rice + soup で春巻きの献立

60 min

Ⅰ. 具の下準備をする

1. はるさめは、熱湯に3～4分つけてやわらかくもどします。ざく切りにし、水気をきります。Aは合わせます。水どきかたくり粉を作ります。

2. 焼き豚は3cm長さの細切り、タアサイ、黄にらは3cm長さに切ります。ねぎは3cm長さに切り、細切りにします。

Ⅱ. 具をいためる

3. 大きめのフライパンに油大さじ½を熱し、タアサイ、ねぎを中火でいためます。しんなりしたら、はるさめ、焼き豚を入れてさっといためます。Aを加えて混ぜます。

4. 黄にらを加えてざっと混ぜ、最後に水どきかたくり粉を再び混ぜてから加えます。とろみがついたら、火を止めます。トレーなどの平らな容器に移し、10等分にしてさまします（熱いまま春巻きの皮で巻くと、破れてしまいます）。

Ⅲ. 包んで、揚げる

5. のりの材料を合わせます。

6. 春巻きの皮の手前に4をのせ、折りたたむようにして包みます（a、b）。包み終わりに5ののりをつけ、とめます。

7. 揚げ油を中～高温（170～180℃）に熱し、6を入れて、上下を返しながら2～3分、よい色がつくまで揚げます。油をよくきります。

1人分600kcal

a

b

sub
キャベツときくらげのさっぱりあえ

材料（2人分）
キャベツ──大1枚（約80g）
きゅうり──1/2本
　塩──小さじ1/2
きくらげ──3〜4個
しょうゆ──小さじ1/2

作り方
1. きくらげは水につけてもどします。かたい石づきをとり（a）、さっとゆでます。細切りにします。
2. キャベツは3〜4cm角に切ります。きゅうりは縦半分に切って種の部分をスプーンなどでとり除き、斜め薄切りにします。両方一緒にボールに入れて塩をふり、よく混ぜます。10分ほどおき、しんなりさせます。
3. 2の水気をしぼってきくらげと合わせ、しょうゆを混ぜます。

1人分14kcal

a

soup
酸辣湯（サンラータン）

材料（2人分）
絹ごしどうふ──1/4丁（約70g）
とりささみ（筋なし）──1本
　酒──小さじ1
えのきだけ──1/2袋（50g）
ねぎ──1/4本
A ［水──カップ2（400ml）
　　スープの素（顆粒）──小さじ1］
B ［しょうゆ──小さじ1
　　塩──少々］
水どきかたくり粉
　（かたくり粉──小さじ2 ＋ 水──大さじ1）
酢──大さじ1
ラー油──適量

作り方
1. えのきだけは根元を落とし、長さを半分に切ります。ねぎは斜め薄切りにします。
2. とうふは4〜5cm長さ、5mm角に切ります。
3. ささみは3cm長さの細切りにし、酒をまぶします。
4. 水どきかたくり粉を作ります。
5. 鍋にえのきだけ、ねぎ、ささみ、Aを入れ、中火にかけます。沸とうしたらアクをとり、Bを加えて味をととのえます。いったん火を止め、水どきかたくり粉を再び混ぜてから加えます（b）。再び中火にかけ、混ぜながらとろみをつけ、とうふを入れて、火を止めます。
6. 器に酢を大さじ1/2ずつ入れます。5をそそぎ、ラー油をふります。

1人分77kcal

水どきかたくり粉は、混ぜてもすぐに2層に分かれてしまいます。加える前には、もう一度混ぜるようにします。
b

main + sub + rice + soup で春巻きの献立

60 min

* Time schedule *

かたまり肉と野菜を一緒にオーブンで焼きあげ、肉のうま味と野菜の甘味をじっくりひき出します。みずみずしいオレンジのサラダと、リゾットを組み合わせて、食感に変化をつけました。

main
ローストポーク

main + sub + risotto + drink でローストポークの献立——

90 min

材料(2人分)
豚肩ロース肉(かたまり)——400g
A[
　たまねぎ——¼個(50g)
　にんにく——1片
　ローズマリーの葉(ちぎる)——1本分
　(または　オレガノ(粉末)——小さじ2)
　塩——小さじ½
　こしょう——少々
　オリーブ油——大さじ½
]

じゃがいも——1個(150g)
たまねぎ——小1個(150g)
にんじん——小1本(150g)
バター——20g
粒マスタード・粗塩(ハーブソルトでも)
　——各適量
(飾り用)ローズマリー——適量

I. 肉に下味をつけ、野菜の下ごしらえをする

1. Aのたまねぎ、にんにくはすりおろします。Aの材料を合わせます。

2. 肉のかたまりをフォークで所々刺し、味のしみこみをよくします。ボールに入れてAをもみこみ、30分ほどおいて味をなじませます(a)。

3. じゃがいも、たまねぎ、にんじんはきれいに洗い、水気をよくふきます(皮はむきません)。

II. オーブンで焼く

4. オーブン皿にオーブンシートかアルミホイルを敷きます。3の野菜と一緒に、肉を汁気をきってのせます。200℃のオーブンで40～50分、ようすを見ながら焼きます(半分焼いたところで、上下を返します。途中で表面がこげてきたら、アルミホイルをかぶせます)。竹串を刺してみて、澄んだ汁が出るようなら焼きあがりです(b)。

III. 切り分ける

5. 肉は食べやすく切ります。じゃがいも、たまねぎは4つ割りにし、バターをのせます。にんじんは、食べやすい大きさに切ります(食べるときは皮をむきます)。皿に盛ってローズマリーを飾ります(オレガノの場合は使いません)。マスタード、塩などをつけながら食べます。

1人分719kcal

a

b

45

sub
オレンジのスパニッシュサラダ

材料(2人分)
オレンジ——1個(200g)
にんじん——1/2本(100g)
　塩——少々
黒こしょう——少々
＜ドレッシング＞
オレンジのしぼり汁——大さじ2
酢——小さじ1
塩——小さじ1/6
砂糖——少々
オリーブ油——大さじ1 1/2

作り方
1.にんじんは、4cm長さのせん切りにします。塩をふり、5分ほどおきます。しんなりしたら、水気をしぼります。
2.オレンジは皮をむき、房と房の間に包丁を入れて実を切り離します(a)。ひと口大に切ります。果肉を切り離した残りの部分をしぼって果汁をとり、大さじ2をドレッシング用にとりおきます。
3.ドレッシングの材料を合わせ、1、2をあえます。器に盛り、黒こしょうをふります。

1人分104kcal

a

risotto
きのこのリゾット

材料(2人分)
エリンギ——1本(約50g)
しいたけ——3個
たまねぎ——1/8個(25g)
　バター——10g
A ┌ 湯——カップ1 1/2(300ml)
　└ スープの素(顆粒)——小さじ1/3
米——米用カップ1/3(60ml/50g)
白ワイン——大さじ1
粉チーズ——大さじ2〜3
塩・こしょう——各少々
(飾り用)パセリのみじん切り——少々

作り方
1.エリンギは、3cm長さに切ります。それぞれ縦に6つ割りにします。しいたけは石づきをとり、軸のついたまま6つに切ります。たまねぎは、みじん切りにします。
2.鍋にAを合わせてスープを作り、温めておきます。
3.別鍋にバターを溶かし、中火でたまねぎをいためます。たまねぎがしんなりしたら、米を洗わずに加え(b)、米がすき通るまでいためます。
4.1のきのこを加えてさらにいためます。しんなりしたらワインを加え、2の温かいスープを半量そそいで、弱火にします。時々鍋をゆすりながら約8分煮ます(ふたはしません)。
5.米がスープから出るくらいまで煮つまったら、残りの温めたスープを加えます。時々鍋をゆすりながら、さらに約10分煮ます。
6.粉チーズを加えて全体を大きく混ぜ、塩、こしょうで味をととのえて、火を止めます。
7.器に盛り、パセリをのせます。

1人分185kcal

b

* Time schedule *

コロッケの中身は、ひとつの鍋で手早く作ります。
さっぱりしたサラダとトマトスープの酸味は、クリーミーなコロッケと好相性

main
かにクリームコロッケ

main + sub + bread + soup で クリームコロッケの献立

60 min

材料（6個分）
〈中身〉
かに肉＊（冷凍、缶詰、ゆでたものいずれでも）
——正味70g
たまねぎ——¼個（50g）
バター——30g
小麦粉——大さじ4
牛乳——カップ1（200ml）
塩——小さじ⅙
こしょう——少々
＊えびやほたてに代えても作れます

〈衣〉
小麦粉——大さじ1
卵液（とき卵——大さじ1＋水——小さじ1）
パン粉——30g（カップ¾）

揚げ油——適量

〈つけ合わせ野菜〉
キャベツのせん切り——2枚分（約120g）
オーロラソースドレッシング
（市販品またはP.80のもの）——大さじ2

I. 中身を作る

1. たまねぎはみじん切りにします。かにalmuerzoは、冷凍の場合は解凍します。軟骨をとり除き、ほぐします。

2. 厚手の鍋にバターを溶かし、たまねぎがしんなりするまで、中火で2〜3分いためます。小麦粉大さじ4を加えて火をやや弱め、1分ほど、こげないように混ぜながら手早くいため、火を止めます。

3. 牛乳を一度に加え（a）、ダマができないように、手早く混ぜます。

4. 3を、混ぜながら再び中火にかけ、とろみが出たら、かに、塩、こしょうを加えます。混ぜながら1〜2分煮、写真（b）のようにしっかりと濃度がついたら火を止めます。

II. 形づくり、衣をつける

5. 4をトレーなどの平らな容器に移し、6等分して（c）、完全にさまします（生地が熱いうちに揚げると、破裂の原因になります）。手に軽く水（材料外）をつけながら、たわら形に形づくります。

III. 揚げる

6. 小麦粉、卵液、パン粉の順に衣をつけます。揚げ油を中〜高温（170〜180℃）に熱し、コロッケを表面によい色がつくまで手早く揚げます。油をよくきります。キャベツと一緒に皿に盛り、オーロラソースドレッシングを添えます。

1人分679kcal

a

b

c

sub りんごとチコリのサラダ

材料(2人分)
りんご——1/2個(150g)
チコリ——5〜6枚(約50g)
クレソン——1/2束(20g)
くるみ——10g
〈ドレッシング〉
粒マスタード——小さじ1
酢——大さじ1
砂糖——小さじ1/4
塩——少々
サラダ油——大さじ1

作り方
1.りんごは半分に切ります。芯をとって皮をむき、端から5mm厚さのいちょう切りにします。
2.チコリは、食べやすい大きさの斜め切りにします。
3.クレソンは根元を切り落とし、葉と茎に分けます。茎は、2〜3cm長さに切ります。両方を水に放してパリッとさせ、水気をきります。
4.くるみはあらくきざみ、小鍋かフライパンで香ばしい香りが出るまで、弱火で1〜2分いります。
5.ドレッシングの材料を合わせ、1、2、3をあえます。器に盛り、くるみを散らします。

1人分136kcal

soup あさりのトマトスープ

材料(2人分)
殻つきあさり(砂抜きずみのもの)——10個
たまねぎ——1/4個(50g)
マッシュルーム*——4個
セロリ——1/4本(25g)
サラダ油——小さじ1
A [水——カップ1(200ml)
    トマトジュース(食塩無添加)
    ——カップ1/2(100ml)]
塩——小さじ1/8
こしょう——少々

*缶詰のものでも

作り方
1.あさりは、殻と殻をこすり合わせて洗い(a)、汚れをとります。
2.たまねぎは薄切り、マッシュルームは石づきをとって薄切り、セロリは3〜4cm長さの薄切りにします。
3.鍋に油を熱し、2を中火で1〜2分いためます。たまねぎがしんなりしたら、あさり、Aを加えて煮立てます。アクをとってやや火を弱め、あさりの口が開くまで煮ます(b)。塩、こしょうで味をととのえ、火を止めます。

1人分46kcal

a b

Time schedule

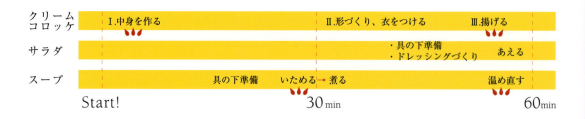

51

ステーキ肉のやわらかさをいかしたシチュー風のおかず。煮る時間はほんの15分ほど。
できたてがおいしいメインのおかずには、前もって作れるサラダとディップを合わせました。

main ステーキシチュー

材料(2人分)
牛肉(ステーキ用)——1枚(200g)
　塩——小さじ¼
　こしょう——少々
　バター——10g
マッシュルーム＊——6個
たまねぎ——½個(100g)
にんじん——3cm(約50g)
＊缶詰のものでも

バター——10g
小麦粉——小さじ1
A ┌ 水——カップ1(200ml)
　│ スープの素(固形)——½個
　│ トマトピューレ——大さじ4
　└ 赤ワイン——カップ¼(50ml)
砂糖・塩・こしょう——各少々

main + sub.1 + sub.2 で ステーキシチューの献立——

50 min

I. 肉と野菜の下準備をする

1. マッシュルームは石づきをとります(大きければ縦半分に切ります)。たまねぎは薄切り、にんじんは6つ割りにして角をそぎ、シャトー切りにします(a)。

2. 肉に、塩、こしょうをふります。

II. 肉を焼く

3. 大きめのフライパンにバター10gを弱火で溶かし、肉を入れます。強火で30秒＋弱火で1分ずつの割合で、両面を焼きます。皿にとり出し、2つに切ります。

III. 野菜をいためて煮る

4. 続いて、3のフライパンにバター10gを溶かし、中火で1をいためます。たまねぎがしんなりしたら小麦粉を加え、粉気がなくなるまで混ぜます(b)。

5. Aを順に加えて混ぜます。煮立ったら弱火にしてふたをし、にんじんがやわらかくなるまで約10分煮ます。砂糖、塩、こしょうで味をととのえます。

6. ステーキを5にもどし入れ、中火で1〜2分煮て火を止めます。

1人分460kcal

a　　　b

sub.1
ピーマンとなすのマリネサラダ

材料（2人分）
赤ピーマン（大）——1個（150g）
ピーマン（緑）——1個
なす——1個
〈ドレッシング〉
酢——小さじ1
塩・こしょう——各少々
オリーブ油——大さじ½

作り方
1. ドレッシングの材料を合わせます。
2. グリルか焼き網で野菜を丸ごと焼きます。赤ピーマンは皮が真っ黒になるまで、緑のピーマンは皮の所々が色づき、しんなりするまで焼きます。なすは全体に焼き色がつくまで焼きます（a）。
3. 焼きあがったら、すぐに水にとってさまし、皮をむきます。ピーマン2種は、縦半分に切って種をとります。4cm長さ、7〜8mm幅に切ります。なすはへたを切り落として、8つにさき、長さを半分にします。
4. 1で3をあえます。

1人分62kcal

a

sub.2
めんたいバターディップ

材料（2人分）
からしめんたいこ——20g
バター——20g
ディル＊——2枝
バゲット——約20cm

＊ディルはハーブの一種。さわやかな香りをもち、魚介類とよく合います。パセリで代用できます

作り方
1. バターは室温でもどし、やわらかくします（指で押すと跡がつくくらい）。
2. めんたいこは、スプーンでしごいて中身を出します（b）。
3. ディルは、1枝を細かくきざみ、もう1枝は飾り用にとりおきます。
4. バター、めんたいこ、きざんだディルを混ぜて器に盛ります。飾り用のディルをのせます。
5. バゲットは10cm長さくらいに切り、縦に4つ割りにします。4をつけながら食べます。

1人分368kcal

b

main + sub.1 + sub.2 で ステーキシチューの献立 ——
50 min

＊ Time schedule ＊

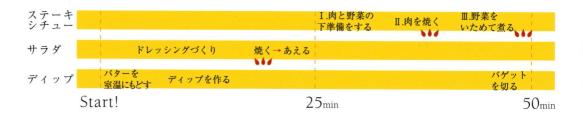

main + sub + rice + soup で 酢豚風いためものの献立

かたまり肉のかわりに薄切り肉を丸めて使うと、やわらかな食感に。
トマトケチャップを使わない酢豚には、しっかりした味のあえものとピリリと辛いスープがよく合います

main 酢豚風いためもの

材料(2人分)
豚肩ロース肉(薄切り)——120g
A ┌ 塩——小さじ1/8
  │ 酒——小さじ1
  └ かたくり粉——大さじ1/2
干ししいたけ——3個
ゆでたけのこ——50g
ブロッコリー——1/4株(50g)
じゃがいも——1/2個(75g)
にんじん——1/4本(50g)

サラダ油——大さじ1
B ┌ 砂糖——大さじ1・1/2
  │ 酢——大さじ1・1/2
  │ しょうゆ——大さじ1
  │ しいたけのもどし汁＋水
  │   ——カップ1/4強(50ml強)
  │ スープの素(顆粒)——小さじ1/2
  └ かたくり粉——小さじ1

I. 野菜と肉の下準備をする

1. 干ししいたけは水でもどします(もどし汁はとりおき、水と合わせてカップ1/4強＝50ml強にします)。
2. 肉は4〜5cm長さに切り、Aを順にもみこみます。1枚1枚、丸めます(a)。
3. ブロッコリーは小房に分け、かためにゆでます。たけのこは3〜4cm長さの薄切りにします。じゃがいも、にんじんは4〜5cm長さ、7〜8mm角の棒状に切ります。1のしいたけは、軸を切り落とし、半分のそぎ切りにします。

II. 合わせ調味料を作る

4. Bは合わせます。

III. いためる

5. 大きめのフライパンに油大さじ1/2を熱し、ブロッコリー以外の野菜を中火でいためます。野菜に火が通ったら、とり出します。残りの油大さじ1/2をたして肉を入れ、中火で両面を押さえつけるようにして焼き(b)、焼き色がつき、中まで火が通ったらとり出します。残った油をふきとります。
6. 5のフライパンにBを加えて中火にかけ、混ぜながら煮立たせます。ブロッコリー、5の野菜、肉をもどし入れ、全体にBがなじんだら火を止めます。

1人分319kcal

50 min

a

b

sub
豆もやしと青菜のあえもの

材料（2人分）
大豆もやし──1/2袋（100g）
タアサイ＊──50g
A［
　いりごま（白）──小さじ1
　しょうゆ──大さじ1/2
　砂糖──小さじ1/2
　ごま油──大さじ1
］

作り方
1. タアサイは3cm長さに切ります。もやしは、時間があればひげ根をとります。
2. 湯をわかし、タアサイを約1分ゆで、水にとって水気をしぼります。続いて同じ湯で、もやしをふたをして約3分ゆで、水気をきります。
3. Aを合わせ、食べる直前に2をあえます。

1人分93kcal

＊タアサイ
くせやアクの少ない、中国原産の緑黄色野菜。いためもの、スープの実など幅広く使えます

soup
ほたてのピリ辛スープ

材料（2人分）
ほたて水煮缶詰──小1/2缶
ねぎ──1/2本
カットわかめ──少々（1～2g）
サラダ油──小さじ1/2
豆板醤（トーバンジャン）──小さじ1/4
A［
　水──カップ2（400ml）
　スープの素（顆粒）──小さじ1/2
　しょうゆ──小さじ1
］
塩・こしょう──各少々

作り方
1. ねぎは、斜め薄切りにします。
2. 鍋に油を熱し、ねぎを中火でいためます。しんなりしたら豆板醤を加えてからめ、Aを加えて煮立てます。カットわかめ、ほたてを缶汁ごと加え、塩、こしょうで味をととのえて火を止めます。

1人分38kcal

main + sub + rice + soup で　酢豚風いためものの献立

50min

＊ Time schedule ＊

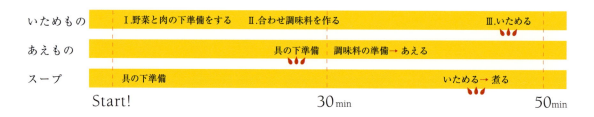

ミートソース、ホワイトソースを層にするラザニアを、生クリームをはさんでさっぱりと。
メインがどっしりしているので、あっさりしたサラダと冷たいドリンクでバランスをとります

main
ラザニア

材料(2人分)
ラザニア＊——65〜70g(約3枚)
- 水——1.5ℓ
- 塩——大さじ½

ミートソース——右下のもの全量約400g
（または、P.90のミートソースを使います）
生クリーム——約カップ⅓
ピザ用チーズ——50g

＊ラザニア
平打ちパスタの1種。市販のものはメーカーによって形、ゆで時間が異なるので、注意します。

main + sub + bread + drink でラザニアの献立——

I. ラザニアをゆでる

1. 分量の水をわかして塩を入れ、ラザニアを表示の時間どおりにゆでます。ゆであがったら、ぴったり重ならないように広げます(a)。耐熱皿に対してラザニアが大きい場合には、皿の大きさに合わせて切ります。重ねて3層にするので、3等分します。

II. 耐熱容器に具を入れる

2. ミートソースは3等分します。耐熱容器にラザニア、ミートソース、⅓量の生クリームの順に3回重ね入れ、最後にチーズをのせます。

III. オーブンで焼く

3. 220℃のオーブンで、2を約12分焼きます（チーズが溶けたら焼きあがりです）。

1人分673kcal

ミートソースの材料と作り方

材料(約400g分)
合びき肉——150g
- たまねぎ——½個(100g)
- A セロリ——½本(50g)
- にんにく——1片

オリーブ油——大さじ1
赤ワイン——カップ¼(50ml)
- トマト水煮缶詰——1缶(400g)
- ローリエ——1枚
- B スープの素(固形)——1個
- 塩——小さじ¼
- こしょう——少々

作り方
1. Aの野菜はみじん切りにします。
2. 厚手の鍋に油を熱し、1を中火でいためます。水分がとんで油が充分になじみ、全体が薄茶色に色づくまで6〜7分いためます。
3. 肉を入れ、パラパラになるまで、混ぜながらいためます。赤ワインを加え、煮立てます。
4. Bを加えて火を強めます。混ぜながら水分をとばし、ふたをせずに15分ほど煮つめます。水分が少なくなり、とろりとしたら火を止めます。

a

sub
れんこんのハーブ風味サラダ

材料(2人分)
れんこん——100g
スナップえんどう——12本(約60g)
〈ドレッシング〉
フレンチドレッシング(市販品またはP.80)
　　——大さじ2〜3
好みのドライハーブ(オレガノ、バジルなど)
　　——小さじ1〜1½

作り方
1.ドレッシングの材料を合わせます。
2.れんこんは4〜5mm厚さの輪切りか半月切りにし、湯で1〜2分、すき通るまでゆでます。水気をきり、熱いうちに1につけます。
3.スナップえんどうは筋をとり、れんこんと同じ湯で、やわらかくなるまで2〜3分ゆでます。水気をきり、あら熱をとります。
4.2に3を加えて混ぜます。

1人分101kcal

drink
グレープフルーツのカクテルドリンク

材料(2人分)
グレープフルーツ——½個
はちみつ——大さじ1
コアントロー＊——大さじ1
冷たい炭酸水(無糖)——カップ2½(500ml)

作り方
1.グレープフルーツは皮をむき、1房ずつ果肉をとり出します。食べやすく切ります。
2.1にはちみつ、コアントローをまぶし、30分以上おいて味をなじませます。
3.グラスに2を等分に入れ、炭酸水を同量ずつそそぎ入れます。

1人分77kcal

＊コアントロー
オレンジの香りをつけた蒸留酒の1種。ホワイトキュラソー、グランマルニエで代用できます。

main + sub + bread + drink でラザニアの献立

60min

＊ Time schedule ＊

ラザニア	ミートーソースを作る場合は、作り始める	Ⅰ.ラザニアをゆでる	Ⅱ.耐熱容器に具を入れる	Ⅲ.オーブンで焼く
サラダ		・ドレッシングづくり ・具の下準備		あえる
ドリンク			具の下準備	炭酸水をそそぐ

Start!　　　30min　　　60min

泡立てた卵白を衣に加えて、ふんわり仕上げます。
しゃきしゃきしたサラダとの口あたりの違いを楽しみつつ、お酒の風味のするアイスティーでしめます

main
中国風ささみの天ぷら

main + sub + rice + drink で 中国風ささみの天ぷらの献立

50 min

材料(2人分)
とりささみ(筋なし)——3本
A ┌ 塩——小さじ1/8
  └ 酒——小さじ1
グリーンアスパラガス——4本
ミニトマト——4個
揚げ油——適量
トマトケチャップ・花椒塩*(ホワジャオエン)——各適量

＊花椒塩
日本の山椒とはまったく異なる香りのスパイス・花椒の粉末と、いった塩を混ぜた調味料。中国料理の揚げものによく使われる

<衣>
卵白——1個分
　塩——少々
卵黄——1個分
牛乳——カップ1/4(50ml)
サラダ油——小さじ1
小麦粉——大さじ5(40g)
パセリのみじん切り——少々

Ⅰ. 肉と野菜の下準備をする

1. アスパラガスは、根元のかたい部分を切り落とし、長さを半分にします。

2. ささみは、1本を3～4つのそぎ切りにします(a)。Aをふり、5分ほどおきます。

Ⅱ. 衣を作る

3. 衣を作ります。卵白に塩を加え、ピンと角が立つくらいまで泡立て、メレンゲを作ります(b)。卵黄、牛乳、油を加えて混ぜます。続いて、小麦粉、パセリを加えて、粉気がなくなるまで混ぜます(c・混ぜすぎるとメレンゲがつぶれて、ふっくらと揚がりません)。

Ⅲ. 揚げる

4. 揚げ油を低温(150～160℃)に熱します。アスパラガス、トマトに3の衣をつけ、揚げます。一度沈み、再び浮きあがってきたら上下を返します。30秒ほどして、うっすら色づいたら、とり出します。続いて、ささみに衣をつけ、上下を返しながら2分ほど揚げ、とり出します。皿に盛り、トマトケチャップと花椒塩を添えます。

1人分452kcal

a

b

c

sub
水菜とかりかりじゃこのサラダ

材料（2人分）
水菜——1/3袋（約70g）
ラディッシュ——3個
ちりめんじゃこ——15g
　サラダ油——小さじ1/2
＜ドレッシング＞
中国風ドレッシング
　（市販品またはP.80）——大さじ3
おろしにんにく——1/2片分（5g）
しょうが汁——小1かけ分（5g）

作り方
1. ドレッシングの材料を合わせます。
2. 水菜は3〜4cm長さに、ラディッシュは薄い輪切りにします。
3. フライパンに油を熱し、ちりめんじゃこを弱火でいためます。カリッとしたら、火を止めます(a)。
4. 2を器に盛り、食べる直前に3、ドレッシングをかけます。

1人分132kcal

a

drink
あんず酒風味のアイスティー

材料（2人分）
紅茶のティーバッグ——1袋
　湯——カップ1（200ml）
砂糖——大さじ2
杏露酒（シンルチュウ）——大さじ1 1/2
くこの実——8粒

作り方
1. くこの実はさっと洗って水に5分ほどつけ、やわらかくします(b)。水気をきります。
2. 紅茶のティーバッグに湯をそそぎ、そのまま1〜2分おきます。ティーバッグをとり出して砂糖を加え、溶かします。あら熱をとります。
3. 2に、杏露酒、くこの実を加え、冷蔵庫で冷やします。

1人分58kcal

b

main + sub + rice + drink で中国風ささみの天ぷらの献立——50min

＊ Time schedule ＊

天ぷら		I.肉と野菜の下準備をする	II.衣を作る　III.揚げる
サラダ	・ドレッシングづくり ・具の下準備をする		ドレッシングをかける
アイスティー	くこの実をもどす　紅茶を作る→冷やす		
Start!		25min	50min

あっさりしている冷めんを、
どかんと食べごたえのある焼き肉のおかずでフォローします

main + sub + drink で韓国冷めんの献立

60 min

main
韓国冷めん

材料（2人分）
韓国冷めん＊──2玉（約350g）
＊そうめん2食分（160g）で
代用することができます
豚こま切れ肉──50g
A [水──カップ3（600ml）
　　スープの素（固形）──1個
　　ねぎの青い部分──5cm
　　しょうが（薄切り）──1かけ（10g）
　　砂糖──大さじ½
　　しょうゆ・酒──各大さじ1
　　塩──小さじ⅙]
酢──大さじ½
卵──1個
はくさいキムチ──100g
かいわれだいこん──¼パック
りんご──⅛個（約30g）
（あれば）糸とうがらし──少々

＊韓国冷めん
半透明の韓国のめん。ゆでて使います。見かけは糸こんにゃくのようですが、シコシコとした口あたりで、コシがあります

作り方
1. 鍋に豚肉とAを入れて中火にかけます。沸とうしたらアクをとり、弱火にして4〜5分煮ます。ざるでスープをこしてさまし、酢を加えます。冷蔵庫で冷やします。
2. 卵は水からゆで、沸とう後、弱火にして12〜13分ゆで、かたゆでにします。水にとり、殻をむいて縦半分に切ります。
3. キムチは、2〜3cm幅に切ります。かいわれだいこんは根元を切り落とします。りんごは皮つきのまま、薄いくし形に切ります。
4. めんを表示の時間どおりにゆでます。ゆであがったら水にとって洗い、氷水で冷やします。水気をきります。
5. スープに浮いた脂をすくいとります。器にめんを盛ってスープをそそぎ、2、3、糸とうがらしを彩りよく盛ります。

1人分693kcal

sub
グリル焼き肉

材料（2人分）
豚肉（しょうが焼き用）──6枚（約250g）
＜たれ＞
[りんご──¼個
　にんにく──½片
　ねぎ──5cm
　いりごま（白）──大さじ½
　酒──大さじ2
　しょうゆ──大さじ1
　砂糖──小さじ1
　塩──少々]
かぼちゃ──100g
たまねぎ──½個（100g）
　ようじ──4本
ピーマン──1個
サラダ油──少々
サンチュかサラダ菜──4〜5枚

作り方
1. たれを作ります。りんごは、すりおろします。にんにく、ねぎはみじん切りにします。材料すべてをよく混ぜます。大さじ2杯分を野菜用にとりおき、残りは肉にからめ、10分ほどおいて下味をつけます。
2. かぼちゃは種とわたをとり、1〜2cm厚さのくし形に切ります。皿に並べてラップをし、電子レンジで1〜2分加熱します。たまねぎは4つのくし形に切り、ばらばらにならないように、ようじをさします。ピーマンは、縦に4つ割りにし、種をとります。野菜の表面に油を少しずつ塗ります。
3. グリルを熱し、野菜をこんがりと焼きます。とりおいたたれ大さじ2を全体に塗ります。
4. 続いて、グリルに肉を入れ、火が通るまで両面を4〜5分焼きます。
5. 皿に、3、4をサンチュと一緒に盛ります。

1人分444kcal

* Time schedule *

えびと、たっぷりの野菜でヘルシーに仕上げました。
しゃきしゃきと歯ごたえのよいサラダは、レーズンの甘味でアクセントをつけます

main 具だくさん おかずピッツァ

材料（直径約20cmのピッツァ1枚分）
ピッツァクラスト（市販）——1枚
　オリーブ油——大さじ1
えび（無頭）＊——中8尾
エリンギ——1/2パック（50g）
赤ピーマン（大）——1/3個（約50g）
たまねぎ——1/4個（50g）
グリーンアスパラガス——2本
ピザ用チーズ——50g
マヨネーズ——大さじ1～2

＊えびのほか、ほたてや、いか、ゆでたかになど、好みの魚介に代えて作れます

main + sub + drinkでピッツァの献立——

30min

I. 具の下準備をする

1. エリンギ、赤ピーマン、たまねぎは5mm幅の細切りにします。

2. アスパラガスは根元のかたいところの皮をむき、3cm長さに切ります。湯で1～2分ゆでます。

3. えびは、殻をむき、背中側にぐるりと切りこみを入れて開きます。背わたをとります。

II. 具をのせる

4. オーブン皿にオーブンシートかアルミホイルを敷いて、ピッツァクラストをのせます。ピッツァクラストに油を塗り、1/3量のチーズをのせます。上に、たまねぎ、エリンギ、赤ピーマン、えび、アスパラガスをバランスよくのせ、残りのチーズをのせます。マヨネーズを全体にかけます（a）。

a

III. オーブンで焼く

1人分425kcal

5. 200℃のオーブンで7～8分焼きます。

＊ Time schedule ＊

ピッツァ	I.具の下準備をする		II.具をのせる→III.オーブンで焼く
サラダ	・ドレッシングづくり ・具の下準備をする		ゆでる→つける
Start!		15min	30min

sub
キャベツのカレー風味サラダ

材料(2人分)
キャベツ——150g
さやいんげん——50g
A [湯——カップ2(400ml)
　　塩——小さじ¼]
レーズン——10g
＜ドレッシング＞
ワインビネガー(白)——大さじ1
カレー粉——小さじ½
塩——小さじ⅛
こしょう——少々
オリーブ油——大さじ1½

作り方
1.ドレッシングの材料を合わせます。キャベツはせん切り、いんげんは筋があればとって、斜め薄切りにします。
2.鍋にAを合わせてわかし、いんげんを入れます。再び沸とうしたら、キャベツを入れ、1分ほどゆでます。ざるにあけて、水気をよくきります。熱いうちにドレッシングにつけ、5分以上おいて味をなじませます。
3.レーズンは、かたければぬるま湯につけてやわらかくし、あらみじんに切ります。
4.2を器に盛って、レーズンを散らします。

1人分129kcal

Homemade

人気の薄型ピッツァに挑戦！
シンプルな材料で、ばつぐんにおいしいピッツァ生地を作ります

手づくりのピッツァ生地

材料（直径20cmのピッツァ生地3枚分）

A ┌ 強力粉——75g
　├ 薄力粉——75g
　├ ドライイースト——小さじ1(3g)
　├ 砂糖——小さじ1
　└ 塩——小さじ1/3

牛乳——100〜110ml
オリーブ油——小さじ2
打ち粉（強力粉）——適量

ピッツァ生地1枚で238kcal

I. 生地を混ぜて、こねる （15〜20分）

1. 牛乳を36〜38℃に温めます（指を入れてみて、ぬるいと感じるくらい）。大きめのボールにAを入れ、泡立て器でよく混ぜます。牛乳を100ml加え、木べらで混ぜます。牛乳が全体にいきわたり、ボールの内側に粉が残らないくらいまで混ぜます。水分がたりないようなら、残った牛乳を少しずつたします。
2. ひとまとまりになったら、たたきつけたり、押しつけるようにしながら4〜5分こねます。
3. 油を加え、内側にもみこみながら3〜4分こねます。

II. 生地をまとめ、発酵させる （30〜40分）

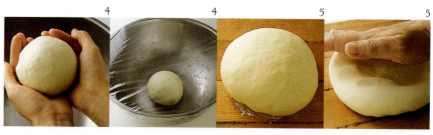

4. つやが出てなめらかになったら、まとめます。ラップをかけ、温かい場所に約30分おきます。
5. 生地が約2倍の大きさにふくらんだらラップをはずしてとり出し、軽く押してガス抜きをします。

III. 成形する （20分）

6. 5の生地を3等分してそれぞれを丸くまとめます。乾いたふきんをかぶせ、約20分休ませます。
7. 台に打ち粉をふり、生地をとり出します。軽く手で押してつぶし、めん棒で直径20cmくらいの大きさにのばします。

使わない分は、保存できます
作り方7のあと、170〜180℃のオーブンで4〜5分焼きます。さめたらラップに包んで冷凍し（約1か月保存可能）、食べるときは凍ったまま具をのせて、焼き色をみながら、時間をひかえめに焼きます。

80 min

手づくりの生地 ふたつの味のピッツァ

材料（各1枚分）
〈サラダピッツァ〉
ピッツァ生地（直径20cm）——1枚
レタス——100g
エンダイブ——50g
シブレット——4〜5本
生ハム——3枚
ピザ用チーズ——50g
オリーブ油——大さじ1

A ┃ ワインビネガー（白）——大さじ½
　┃ 塩——小さじ⅙
　┃ こしょう——少々
　┃ オリーブ油——大さじ1½

粉チーズ——大さじ2

〈オレンジのデザートピッツァ〉
ピッツァ生地（直径20cm）——1枚
オレンジ——1個（200g）
はちみつ——大さじ1
グラニュ糖——大さじ1

作り方
〈サラダピッツァ〉
1. レタス、エンダイブは洗い、食べやすい大きさにちぎって水気をきります。Aを合わせ、両方一緒にあえます。生ハムは、ひと口大に切ります。
2. ピッツァ生地に油を塗り、ピザ用チーズをのせます。200℃のオーブンで5〜6分焼きます。
3. 焼きあがったところに1をのせ、シブレットを添えて、粉チーズを散らします。

1人分433kcal

〈オレンジピッツァ〉
1. オレンジは皮をむき、5mm厚さの輪切りにします。水分を軽くふきます。
2. ピッツァ生地に水小さじ1くらい（材料外）をふります。200℃のオーブンで約3分焼きます。
3. 2にはちみつを塗り、オレンジを並べます。再び、200℃のオーブンで4〜5分焼きます。焼きあがったら、グラニュ糖をふります。

1人分208kcal

ぶつ切りえびを入れて、ぷりぷりした食感を楽しむぎょうざ。
歯ごたえのよい野菜のあえもの、やさしい味のスープを合わせます

main
ぷりぷりえびの焼きぎょうざ

材料（24個分）
えび（無頭）
　——中4尾
豚ひき肉——100g
A［しょうゆ——大さじ½
　 ごま油——大さじ½
　 塩——小さじ⅙］
干ししいたけ——2個
にら——1束（100g）
しょうが——1かけ（10g）
ぎょうざの皮——1袋（24枚）
湯——適量
ごま油——大さじ2
〈つけだれ〉
しょうゆ・酢（黒酢）・ラー油
　——各適量

memo

食べきれないときは…
生の状態でラップに包み、保存用ポリ袋か密閉容器に入れて冷凍保存します（4～5日間可能）。焼くときは、凍ったままフライパンに入れ、作り方6～8と同じようにします。

main + sub + rice + soup で 焼きぎょうざの献立

I. 具の下準備

1. 干ししいたけは水でもどし、軸をとって、あらみじんに切ります。
2. にらはあらみじんに切り、しょうがは皮をこそげてみじん切りにします。
3. えびは尾、背わたをとって殻をむき、1尾を6つに切ります。

II. 具を混ぜる

4. ボールに、肉とAを合わせて混ぜます。しいたけ、にら、しょうがを加えて、全体がひとまとまりになるまで混ぜます（a）。平らなトレーなどに移しかえ、24等分します（b）。

a

b

III. 包む

5. ぎょうざの皮の中央に4を置き、えびを1切れのせます。皮のふちにぐるりと水をつけ、底が三角形になるよう、ふちの3か所をつまんでくっつけます（c、d、e）。24個作ります。

c

d

e

IV. 焼く

6. 大きめのフライパン（直径26㎝くらい）に半量のぎょうざを並べ、ぎょうざの半分くらいの高さまで、湯をそそぎます。
7. ふたをして強めの中火にかけ、約4分蒸し焼きにします。ふたをとり、水分をとばします。
8. 油大さじ1を回しかけ、火を強めます。すぐにフライパンをゆすってぎょうざを動かし、底によい焼き色がついたら、火を止めます。残り半分も同様に焼きます。

1個44kcal

* Time schedule *

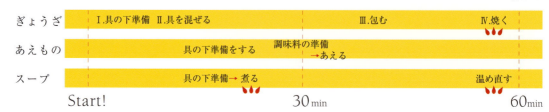

sub
きゅうりとセロリのかつお風味あえ

材料(2人分)
きゅうり——1本
セロリ——1本(100g)
にんじん——30g
A[けずりかつお——1パック(3〜4g)
   しょうゆ——大さじ1
   みりん——大さじ½
   ごま油——大さじ½]

作り方
1. きゅうりは4cm長さに切り、包丁の腹で軽くつぶします。それぞれ縦に4つ割りにします。セロリは葉を除いて筋をとり、4cm長さの薄切りにします。にんじんは、4cm長さのせん切りにします。
2. Aを合わせ、1をあえます。時々混ぜながら、15〜20分おいて、味をなじませます。

1人分72kcal

soup
オクラのスープ

材料(2人分)
オクラ——4本
たまねぎ——⅛個(25g)
A[水——カップ2½(500ml)
   スープの素(固形)——1個
   酒——大さじ1]
塩・こしょう——各少々

作り方
1. オクラはへたの部分を切り落とし、1cm厚さの輪切りにします。たまねぎは薄切りにします。
2. 鍋にA、たまねぎを入れて煮立て、中火で2〜3分煮ます。オクラを加え、塩、こしょうで味をととのえます。

1人分14kcal

Homemade

手間をかけてでも作りたくなるくらいおいしい、ぎょうざの皮。
もっちり、食べごたえのある食感に、ついつい箸がすすみます

手づくりのぎょうざの皮

材料（24枚分）

A ┌ 強力粉——50g
　│ 薄力粉——100g
　└ 塩——少々

水——80〜90ml
ごま油——小さじ1
打ち粉（強力粉）——適量

I. 生地を混ぜて、こねる （15〜20分）

1. ボールにAを合わせ、泡立器でよく混ぜます。
2. 水80mlを加え、水分が粉全体にいきわたり、ボールの内側に粉が残らないくらいになるまで混ぜます。水分がたりないようなら、残った水を少しずつたします。
3. 生地がひとまとまりになったら、手のつけねで押しつけるようにしながら、表面がなめらかになるまで、4〜5分こねます。
4. 油を加え、内側にもみこむように混ぜます。

II. 生地をねかせる （30分）

5. つやが出て、表面がなめらかになるまで、3と同様にさらに4〜5分こねます。生地が耳たぶくらいのやわらかさになったら、まとめます。
6. ラップをして約30分おき、生地をねかせます。

III. のばす （30分）

7. まな板に打ち粉をふって生地をとり出し、4等分に切ります。それぞれ直径2cmくらいの棒状にし、1本を6等分に切ります。
8. 生地の切り口を上にして、上から手のひらでつぶして平らにします。
9. めん棒で生地を少しずつのばし（＊）、直径7〜8cmの円形にします。できたものは、くっつきやすいので、多めに打ち粉をふってから重ね、乾燥しないよう、ふきんをかぶせます。

＊めん棒がなかったら、手で、少しずつのばすこともできます

手づくりの皮
水ぎょうざ&焼きぎょうざ

材料(24個分)
手づくりぎょうざの皮——24枚
〈具〉豚ひき肉——100g
　　チンゲンサイ——大1株(約150g)
　　塩——小さじ1/4
　　しいたけ——2個
　　ねぎ——1/3本
　　しょうが——小1かけ(5g)
A ┌ 塩——小さじ1/6
　 │ しょうゆ——大さじ1/2
　 │ こしょう——少々
　 └ ごま油——大さじ1/2
〈つけだれ〉しょうゆ・酢(黒酢)・ラー油など
　——各適量

具の作り方
1. チンゲンサイは、あらみじんに切り、塩小さじ1/4をふり、5分ほどおきます。水気をしぼります。
2. しいたけは、石づきをとって、あらみじんに切ります。ねぎ、しょうがはみじん切りにします。
3. ボールに、肉、1、2、Aを合わせ、全体がひとまとまりになるまで、よく混ぜます。トレーなどの平らな容器に移し、24等分します。
4. ぎょうざの皮の中央に3をのせて半分に折りたたみ、合わせめをつまんで、しっかり閉じます。

水ぎょうざ
5. たっぷりの湯をわかして4を入れます。浮かんできたら、さらに3～4分中火でゆでて、火を止めます。
6. ゆで汁ごと器に盛り、つけだれをつけながら食べます。
1個42kcal

焼きぎょうざ
5. 大きめのフライパンに4の半量を並べ、ぎょうざの八分目くらいの高さまで湯をそそぎます。
6. ふたをして、すぐに強めの中火にかけ、5～6分、蒸し焼きにします。ふたをとり、水分をとばします。
7. ごま油大さじ1(材料外)をまわしかけ、火を強めます。すぐにフライパンをゆすり、ぎょうざを動かします。底によい焼き色がついたら、火を止めます。残り半分も同様に焼きます。皿に盛り、つけだれを添えます。
1個52kcal

＊焼きぎょうざは、必ずフッ素樹脂加工のフライパンで作ります。鉄のフライパンは皮がくっつくので向きません

残りものの活用に、少量づかいのヒントに
冷凍しておくと便利な食材

はんぱに残りがちな食材でも、上手に冷凍しておけば、買物に行けないときや
少量必要なときの強い味方になります。また、少しずつ使う香味野菜など、まとめて切って
冷凍しておけるものがあります。冷凍しておくと便利な食材をまとめました。

Ⅰ. 肉類

○薄切り肉・こま切れ肉 〔冷凍法〕50g、100gなど、使いやすい単位で小分けしてラップに包み、保存用ポリ袋に入れる 〔活用法〕メインの食材としていためものに使う(P.56)ほか、スープ(P.68)や煮ものの味出しなどにも

○ひとかたまりの肉
(とりもも肉やささみ、ステーキ用肉、ポークソテー用肉など)
〔冷凍法〕ひとかたまり(1本)ずつラップに包んで、保存用ポリ袋に入れる 〔活用法〕生肉と同じように、ステーキやソテー用に

○ひき肉 〔冷凍法〕いたみやすいので、必ず加熱して保存。油でパラパラになるまでいため、少量ずつラップに包んで、保存用ポリ袋に入れる 〔活用法〕コロッケの具や、甘辛く煮てそぼろに。

Ⅱ. 貝類・小魚など

○殻つき貝 (あさり・しじみなど) 〔冷凍法〕砂抜き(あさりは水カップ1に対して塩小さじ1の割合の塩水、しじみは真水に2時間以上ひたす)をして洗ったものを、水気をきって保存用ポリ袋に入れる 〔活用法〕スープ(P.50)やみそ汁の具のほか、ワイン蒸し、ボンゴレスパゲティなどに

○たらこ、めんたいこ 〔冷凍法〕½腹ずつラップに包み、保存用ポリ袋に入れる
〔活用法〕パスタやおにぎりの具、お茶漬けなどに

○しらす干し、ちりめんじゃこ
〔冷凍法〕保存用ポリ袋に、薄く平らにして冷凍
〔活用法〕サラダやあえもの、いためものなどに

Ⅲ. 缶詰類

(トマト水煮缶、ほたて水煮缶、ツナ缶、コーン缶など)
〔冷凍法〕残った分は必ず缶から出し、缶汁がある場合は、汁ごと保存用ポリ袋入れて冷凍。50g、100g、200gなどの単位で小分けして保存すると使いやすい
〔活用法〕煮こみ料理やサラダ、あえものなどに

Ⅳ. 油揚げ・野菜など

○油揚げ 〔冷凍法〕油抜き(熱湯を回しかける)して水気をふいたものを、使いやすくきざむ。保存用ポリ袋に薄く平らに入れて冷凍
〔活用法〕みそ汁やお吸いものの具に

○青菜 〔冷凍法〕かためにゆで、水気を充分にしぼり、少量ずつラップに包む 〔活用法〕メインおかずのつけ合わせや、汁もの、スープの具に

○万能ねぎ、パセリ 〔冷凍法〕水気をよくとり、小口切りやみじん切りにする。1回分ずつラップで包み、保存用ポリ袋か密閉容器に入れる 〔活用法〕必要な分だけとり出し、みそ汁やスープの薬味に

○しょうが 〔冷凍法〕洗って、汚れた部分はとり除き、皮つきのまま1かけずつに切って、ラップに包み、保存用ポリ袋か密閉容器に入れる 〔活用法〕薬味やしょうが汁などに

Freezing lesson

■は、保存期間のめやす　○は、解凍の方法です

 meat　 fish　 canned food　 vegetable　 min — max

I.

肉類　■2〜3週間　○6〜8時間前から冷蔵庫に入れておくか、電子レンジの解凍機能で。

II.

貝類　■2〜3週間　○凍ったまま加熱。　**たらこ・めんたいこ・小魚**　■2〜3週間　○加熱する料理には凍ったまま加える。サラダやあえものの場合、たらこ、めんたいこは6〜8時間前から冷蔵庫に入れておくか、電子レンジの解凍機能を使い、小魚類は熱湯をかけて使う。

III.

缶詰類　■約1か月　○加熱料理には凍ったまま加え、サラダやあえものには、6〜8時間前から冷蔵庫に入れておくか、電子レンジの解凍機能で。

IV.

青菜　■約1週間　○6〜8時間前から冷蔵庫に移すか、電子レンジの解凍機能。　**油揚げ**　■約1週間（においがつきやすいので、早めに使いきる）　○凍ったまま加熱。　**万能ねぎ、パセリ、しょうが**　■2〜3週間　○凍ったまま使う。

フリージングの 5 point

1 小分けにする
小分けしておけば、すぐにとり出せて、ムダなく使えます。食材によって、また、家庭ごとに使いやすい量は違うので、ふだん使う量を考えて小分けします。

2 薄く平らな状態にする
急速に冷凍するといたみにくく、またとり出しやすいので、なるべく薄い状態にして冷凍します。そうすると液状のものでも、割って一部をとり出すことが可能になります。

3 空気を抜いて密閉する
冷凍には、ラップや保存用ポリ袋、密閉容器などを利用しますが、必ず空気を抜きます。食品が空気に触れると、酸化や乾燥、においがつく原因になります。

4 メモをつける
冷凍した日づけと中身がわかるようにメモをつけておきます。使い忘れや二重買いを防げます。

5 再冷凍は避ける
一度解凍したものを再冷凍すると、味や栄養を損ないます。衛生面でもおすすめできません。

お気に入りの塩やオイルで
ドレッシングづくり

忙しいときは、市販のものですませがちなドレッシング。
でも、基本の酢と油があれば、調味料しだいでいろいろな味が手づくりできます。
よけいなものが入らないので、安心して食べられるのもいいところ。
どれも冷蔵庫で4～5日は保存ができます。

I. フレンチドレッシング

材料（できあがり量：約120ml）
酢——大さじ4
塩——小さじ1/3～1/2
こしょう——少々
サラダ油かオリーブ油
　——大さじ6

応用 バジル、オレガノなど好みのドライハーブを小さじ1/2ほど加えれば、ハーブドレッシングになります

II. 和風ドレッシング

材料（できあがり量：約100ml）
酢・レモン汁——各大さじ2
しょうゆ——大さじ1
砂糖——小さじ1
サラダ油——大さじ2

応用 好みで、しそのせん切り、しょうがのすりおろし、練りわさびなどを少々加えると、それぞれに違った風味が楽しめます

III. 中国風ドレッシング

材料（できあがり量：約100ml）
酢——大さじ4
しょうゆ——大さじ1
砂糖——小さじ1
ごま油・サラダ油
　——各大さじ2

応用 ごま、豆板醤（トーバンジャン）、にんにくのすりおろしなどを少々加えても

IV. オーロラソースドレッシング

材料（できあがり量：約120ml）
マヨネーズ——カップ1/2
トマトケチャップ
　——大さじ2

基本のドレッシングづくり

1. 油以外の材料をよく混ぜておきます。

2. 油は、糸状に少しずつ加え、そのつどよく混ぜます。

3. 調味料と油がよく混ざり、どろっとにごるくらいになったらできあがり。

Chapter 3 作っておけば、いろいろな料理が楽しめる！
作りおきのおかず

何もしたくない日、にとっても助かる作りおき。
ベースのおかず6種類と、そのアレンジ料理を12品

カポナータ

おなじみのイタリアの野菜の煮こみ料理です。
ここでは、なすをメインにして、オリーブ、ケイパーでアクセントをつけます。

作りおきのおかず――カポナータ

材料(できあがり量：約700g)
なす――4個(約350g)
たまねぎ――½個(100g)
セロリ――1本(100g)
黒オリーブ(種なし)――12個
トマト水煮缶詰――1缶(400g)
ケイパー――大さじ½(約20粒)
オリーブ油――大さじ3
A [ワインビネガー(白)――大さじ½
　　ローリエ――1枚
　　砂糖――小さじ1]
塩――小さじ⅓
こしょう――少々

＊保存方法＆期間・解凍方法＊
方法―あら熱がとれたら、密閉容器か保存用ポリ袋に入れます。
期間　冷蔵なら3～4日
　　　冷たいままでもおいしく食べられます

作り方
1. なすはへたをとり、1.5cm角に切ります。セロリは葉を除いて筋をとり、なすと同じ大きさに切ります。たまねぎは薄切りにします。オリーブは3mm厚さに切ります。
2. 鍋に油を熱し、中火でたまねぎをいためます。たまねぎがしんなりして、薄茶色に色づいたら、セロリ、なすを入れ、全体に油がなじむまでいためます。
3. オリーブを入れてさらにいためます。トマトの水煮を缶汁ごと加え、トマトを木べらでつぶしながらケイパー、Aを加えて、時々混ぜながら約20分煮ます。
4. 塩、こしょうで味をととのえ、火を止めます。

全量で610kcal

肉や魚のソテーのつけ合わせや、
冷やして前菜がわりに

カポナータで オープンサンド

材料（2人分）
イングリッシュマフィン（市販品）——2個
　オリーブ油——大さじ1
ベーコン——2枚（40g）
カポナータ——約350g
（あれば）イタリアンパセリ——少々
（好みで）タバスコ——適量

作り方
1. ベーコンは1枚を6つに切ります。フライパンにベーコンを入れ（油はひきません）、弱火でカリカリになるまで焼きます。
2. マフィンを横半分に切り、内側に油を塗ってトーストします。カポナータは鍋か電子レンジで温めます。
3. マフィンに、カポナータ、ベーコン、パセリを順にのせます。タバスコをふって食べます。

1人分405kcal

カポナータで ペンネ アラビアータ

材料（2人分）
ペンネ——80g
　湯——1ℓ　+　塩——大さじ½
ペンネのゆで汁——大さじ2
ウインナーソーセージ——4本（90g）
にんにく——1片
赤とうがらし——1本
オリーブ油——大さじ½
カポナータ——約350g
塩・こしょう——各少々

作り方
1. 分量の湯に塩を入れ、ペンネを表示時間どおりにゆで始めます（ゆで汁大さじ2はとりおきます）。
2. にんにくは包丁の腹でつぶし、赤とうがらしは半分に切って、種をとります。ウインナーは斜め4つに切ります。
3. フライパンに油、にんにく、とうがらしを入れて弱火にかけ、香りが出て、にんにくが色づいたら、両方とり出します。続いてウインナーを入れ、いためます。
4. ペンネがゆであがったら水気をきります。3に、ゆで汁、カポナータを入れて煮立て、ペンネを入れます。全体をざっと混ぜ、塩、こしょうで味をととのえ、火を止めます。

1人分484kcal

ゆで豚

じっくりコトコトゆでるだけで作れます。
煮汁につけたままさますのが、肉をしっとり仕上げるコツです

作りおきのおかず — ゆで豚

材料
豚肩ロース肉（焼き豚用かたまり・たこ糸がかけてあるもの）——600g
水——適量
A
- ねぎ（青い部分）——1本分
- しょうが——大1かけ（15g）
- 酒——カップ½（100ml）
- 塩——小さじ½

＊保存方法＆期間・解凍方法＊
方法—汁につけたまま充分にさまします。食べやすい厚さにスライスし、冷蔵なら汁につけたまま、冷凍なら汁気をきって、保存用ポリ袋に入れます。
期間—冷蔵なら3〜4日
　　　冷凍なら2週間
解凍—使う前日か数時間前から冷蔵庫に移して自然解凍するか、電子レンジの解凍機能を使います。

作り方
1. ねぎは、包丁の腹でつぶします。しょうがは皮つきのまま、薄切りにします。
2. 鍋に肉を入れ、かぶるくらいの水、Aを加えて強火にかけます。沸とうしたらアクをとり、弱火にして、落としぶたと、鍋のふたをずらしてのせ、1時間ほどゆでます。
3. 肉に竹串を刺し、出てくる汁が透明になったら火を止め、そのままゆで汁ごとさまします（ゆで汁につけたままさますと、ジューシーに仕上がります。ゆで汁はスープとして使えます）。

全量で1522kcal

せん切りの野菜と一緒に盛って、
酒の肴の一品に

ゆで豚で ベトナム風サンドイッチ

材料(4個分)
ゆで豚——120g
バゲット——½本
　　　(約150g)
香菜(シャンツァイ)——2株
サニーレタス——2枚
にんじん——30g
　塩——少々
たまねぎ——⅛個(25g)
A[スイートチリソース
　　　——大さじ1
　酢——大さじ½]
スイートチリソース——適量

作り方
1. Aは合わせます。にんじんは細切りにして塩をふり、しんなりしたら水気をしぼります。たまねぎは薄切りにします。一緒にしてAであえ、約10分おきます。
2. サニーレタスは食べやすい大きさにちぎり、香菜は3cm長さに切ります。
3. ゆで豚は薄切りにします(冷たければ、皿にのせてラップをし、電子レンジで軽く温めます)。
4. バゲットを4等分し、それぞれ真ん中に切りこみを入れます。
5. 1の汁気を軽くきり、2、3と一緒に、等分してバゲットにはさみます。好みでスイートチリソースをつけながら食べます。
　　　　　　　　　　　　　　　1人分461kcal

ゆで豚で ゆで豚の香味ソース

材料
ゆで豚——200g
もやし——100g
にら——1束(100g)
サニーレタス4～5枚
　　　(約50g)

＜香味ソース＞
万能ねぎ——2本
しょうが——1かけ(10g)
にんにく——1片
A[砂糖——大さじ½
　しょうゆ——大さじ1½
　酢——大さじ1
　ごま油——小さじ1]

作り方
1. もやしは、時間があれば、ひげ根をとります。にらは5cm長さに切ります。湯をわかし、もやし、にらの順にゆで、水気をきります。
2. 香味ソースを作ります。香味野菜のねぎは小口切り、しょうが、にんにくはすりおろします。Aを合わせて、香味野菜を加え、よく混ぜます。
3. ゆで豚は7～8mm厚さに切ります(冷たければ、皿にのせてラップをし、電子レンジで軽く温めます)。
4. サニーレタスは半分くらいにちぎり、皿に盛ります。1、3を盛り、2を添えます。レタスでゆで豚、もやし、にらを包み、香味ソースをつけながら食べます。
　　　　　　　　　　　　　　　1人分448kcal

ドライカレー

野菜のうま味がじわっと広がる本格派の味。
たっぷり作っておけば、おかずにおつまみにと幅広く使えます

作りおきの**おかず**――ドライカレー

材料(できあがり量：約700g)
合びき肉――400g
A
　たまねぎ――1個(200g)
　にんじん――小1本(150g)
　セロリ――1本(100g)
　しょうが――1かけ(10g)
　にんにく――1片
サラダ油――大さじ1
カレー粉――大さじ3〜4
B
　白ワイン――カップ½(100ml)
　トマトケチャップ――大さじ3
　ウスターソース――大さじ½
　スープの素(固形)――1個
　ローリエ――1枚
　塩――小さじ½
　こしょう――少々

＊ 保存方法＆期間・解凍方法 ＊
方法――あら熱がとれたら、密閉容器か保存用ポリ袋に入れます(100〜200gずつ小分けしておくと使いやすい)。
期間――冷蔵なら3〜4日
　　　　冷凍なら2週間
解凍――使う前日か数時間前から冷蔵庫に移して自然解凍するか、電子レンジの解凍機能を使います。

作り方

1. Aの野菜は、みじん切りにします(セロリは茎のみ使います)。

2. 厚手の鍋に油を熱し、1の野菜を入れ、中火で7〜8分、たまねぎが薄く色づくまでいためます。

3. ひき肉を加えていため、肉の色が変わったら、カレー粉を加えていためます。香りが出たら、Bを順に加えて混ぜます。汁気がほとんどなくなるまで中火で約3〜4分、混ぜながら、煮ます。

全量で1339kcal

やっぱりおいしい。
ごはんにのせて、ドライカレー

ドライカレーで スティック春巻き

材料(2人分)
ドライカレー——100g
カマンベールチーズ(またはピザ用チーズ)
　　　——50g
春巻きの皮——5枚
のり(小麦粉——大さじ½ + 水——大さじ½)
揚げ油——適量
イタリアンパセリ(飾り用)——適量

作り方
1.春巻きの皮は、1枚から2つの三角形がとれるよう、それぞれ斜め半分に切ります。
2.チーズは10個の薄切りにします。
3.ドライカレーは10等分します。
4.のりを作ります。分量の小麦粉と水をよく混ぜ合わせます。
5.1の春巻きの皮の、三角形の長い辺の手前のほうに、2、3をのせます。ひと折りして具を巻きこんでから、両端を折りたたんで、細長い棒状に巻きます。巻き終わりに4ののりを塗り、とめます。
6.深めのフライパンに1cmの高さまで油を入れ、中温(170℃)に熱します。5を色よく揚げます。

1人分333kcal

ドライカレーで ワンプレートディッシュ

材料(2人分)
ドライカレー——200g
卵——2個(1個ずつ器に割り入れる)
　(湯カップ1＝200ml ＋ 酢大さじ1の割合)
レタス——2〜3枚
パセリ——1枝
バゲット——小2本
バター——適量

作り方
1.レタスは食べやすい大きさにちぎります。パセリは、小枝に分けます。
2.ポーチドエッグをひとつずつ作ります。小鍋に湯をわかして酢を加え、卵をそっと落とし入れます。さい箸で卵黄を卵白で包むようにしながら約1分、卵白が固まるまでゆで、網じゃくしかおたまですくいあげます。
3.ドライカレーは、鍋か電子レンジで温めます。
4.皿に、すべてを盛ります。

1人分597kcal

肉みそ

これがあると、めん料理もどんぶりも食べたいときにすぐ作れます。
辛味のきいた濃厚な味わいに仕上げました

作りおきの
おかず —— 肉みそ

材料（できあがり量：約650g）
豚ひき肉——400g
ゆでたけのこ——100g
干ししいたけ——2個
サラダ油——大さじ1
A ┃ ねぎ——1本
　 ┃ にんにく——1片
　 ┃ しょうが——1かけ（10g）
豆板醤（トーバンジャン）——大さじ½
B ┃ 水——カップ1（200ml）
　 ┃ 甜麺醤（テンメンジャン）——大さじ3
　 ┃ みそ——大さじ1
　 ┃ しょうゆ——大さじ1½
　 ┃ 酒——大さじ1
　 ┃ スープの素（顆粒）——小さじ½

作り方

1. 干ししいたけは水につけてもどします（20〜30分）。

2. Aの野菜は、みじん切りにします。Bは合わせます。

3. もどした干ししいたけ、たけのこは、あらみじんに切ります。

4. 大きめのフライパンに油を熱します。Aの野菜を入れて弱火で香りが出るまで約1分いため、豆板醤を加えてなじませます。

5. 4に肉を入れ、パラパラになるまで強めの中火でいためます。B、しいたけ、たけのこを加えます。煮立ったら弱めの中火にし、時々混ぜながら、汁気がなくなるまで約10分いため煮にします。

全量で1258kcal

＊ 保存方法＆期間・解凍方法 ＊

方法——あら熱がとれたら、密閉容器か保存用ポリ袋に入れます（100〜200gずつ小分けしておくと使いやすい）。
期間——冷蔵なら3〜4日
　　　　冷凍なら2週間
解凍——使う前日か数時間前から冷蔵庫に移して自然解凍するか、電子レンジの解凍機能を使います。

とうふにのせて、
　　かわり冷奴に

肉みそで ジャージャーめん

材料(2人分)
中華生めん——2玉
きゅうり——½本
ねぎ——½本
肉みそ——約320g
A ┌ 水——カップ½(100ml)
　│ スープの素(顆粒)——小さじ¼
　└ しょうゆ——小さじ1
水どきかたくり粉
　(かたくり粉——大さじ½ + 水——大さじ1)
ごま油——小さじ1

作り方
1.めんは、表示時間どおりにゆでます。ゆであがったら流水で洗い、水気をよくきります。水どきかたくり粉を作ります。
2.きゅうりはせん切りにします。ねぎは5cm長さに切って芯を除き、せん切りにします。水にさらして、水気をきります。
3.鍋にAを温め、肉みそを加えて煮立てます。水どきかたくり粉を再び混ぜてから加えます。混ぜながらとろみをつけ、ごま油を加えて火を止めます。
4.器にめんを盛り、2、3をのせます。

1人分686kcal

肉みそで 肉みそ丼

材料(2人分)
肉みそ——約320g
レタス——100g
卵——2個
　ごま油——小さじ1
スプラウト＊——1パック(40g)
温かいごはん——400g

＊スプラウトにはいくつか種類があります。
写真のものは、レッドキャベツのスプラウトです。

作り方
1.レタスは細切りにします。スプラウトは根元を切り落とします。
2.フライパンに油を熱し、目玉焼きを2個作ります。
3.肉みそは鍋か電子レンジで温めます。
4.器にごはんを盛り、1、2、3をバランスよく盛ります。

1人分752kcal

ミートソース

トマト缶だけでシンプルに作ります。
ラザニア、ギリシャ料理のムサカなど、利用法はいろいろ

作りおきのおかず —— ミートソース

材料(できあがり量：約800g)
合びき肉——300g
セロリ——1本(100g)
たまねぎ——1個(200g)
にんにく——1片
オリーブ油——大さじ2
赤ワイン——カップ½(100ml)
A ┌ トマト水煮缶詰——2缶(800g)
　│ スープの素(固形)——2個
　│ ローリエ——1枚
　│ 塩——小さじ½
　└ こしょう——少々

* 保存方法と期間 *
方法—あら熱がとれたら、密閉容器か保存用ポリ袋に入れます(100～200gずつ小分けしておくと使いやすい)。
期間—冷蔵なら3～4日
　　　冷凍なら2週間
解凍—使う前日か数時間前から冷蔵庫に移して自然解凍するか、電子レンジの解凍機能を使います。

作り方
1. セロリ、たまねぎ、にんにくは、みじん切りにします(セロリは茎のみ使います)。
2. 厚手の鍋に油を熱し、中火で1を10分ほど、薄茶色に色づくまでいためます。
3. 2にひき肉を加えて強火にし、パラパラになるまでいためます。
4. 赤ワインを加え、鍋の内側についたうま味をこそげとりながら、強火で1分ほど煮つめます。
5. Aを加え、弱めの中火にします。トマトを木べらでつぶしながら煮立て、アクをとります。鍋のふたをせずに、25～30分、水分が少なくなり、とろりとするまで煮つめます。

全量で1186kcal

定番のスパゲティ
ミートソースもすぐできる

ミートソースで ピッツァ

材料
ピッツァクラスト
（市販品・直径20cmくらいのもの）——2枚（約150g）
卵——2個
ピーマン——2個
ミートソース——250g
ピザ用チーズ——150g
黒オリーブ（種なし）——6個

作り方
1. 卵は水からゆで、沸とう後12〜13分ゆでて、かたゆでにします。水にとり、殻をむいて輪切りにします。
2. ピーマンは薄い輪切り、オリーブも同様に切ります。
3. ミートソースは鍋か電子レンジで温めます。
4. ピッツァクラストにミートソースを等分に塗り、ピーマン、ゆで卵、オリーブ、チーズを等分にのせます。
5. 200℃のオーブンかオーブントースターで4〜5分、チーズが溶けるまで焼きます。

1人分673kcal

ミートソースで じゃがいものミートソースグラタン

材料（2人分）
じゃがいも——2個（300g）
A ┌ 湯——カップ1½（300ml）
　└ 塩——小さじ¼
ミートソース——150g
粉チーズ——大さじ3

作り方
1. じゃがいもは、5〜6mm厚さの半月切りか、いちょう切りにします。Aをわかし、やわらかくなるまでゆでます。
2. ミートソースは、鍋か電子レンジで温めます。
3. 耐熱皿にじゃがいもを並べ、ミートソース、チーズを順にのせます。
4. 200℃のオーブンかオーブントースターで4〜5分焼きます。

1人分257kcal

ミニハンバーグ

おなじみの一品ですが、作っておくとやっぱり便利。
丸く作れば、肉だんごとして、和洋中問わず使えます

作りおきの
おかず ── ミニハンバーグ

材料（できあがり量：18個分）
合びき肉──500g
　塩──小さじ2/3
たまねぎ──1個（200g）
A ┌ 卵──1個
　│ パン粉──30g（カップ3/4）
　│ 牛乳──カップ1/4（50ml）
　│ ナツメグ──小さじ1/8
　└ こしょう──少々
サラダ油──小さじ2

作り方
1. たまねぎは、みじん切りにします。
2. ボールにひき肉を入れて塩を加え、混ぜます。1、Aを加え、ねばりけが出るまでよく混ぜます。トレーなど平らな容器に移して18等分にし、空気を抜いて丸く形作り、真ん中を少しくぼませます。
3. 2～3回に分けて焼きます。フライパンに油を熱し、ハンバーグを並べます。中火で焼き色がつくまで2～3分焼きます。裏返してふたをし、弱火にして3～4分焼き、中までしっかり火を通します（竹串を刺して、出てくる汁が透明なら焼きあがり）。

1個83kcal

＊ 保存方法＆期間・解凍方法 ＊

方法──焼いてから保存します。あら熱がとれたら、1個ずつ、または2～3個ずつラップに包み、密閉容器か保存用ポリ袋に入れます。
期間──冷蔵なら3～4日
　　　　冷凍なら2週間
解凍──使う前日か数時間前から冷蔵庫に移して自然解凍するか、電子レンジの解凍機能を使います。

パンにはさめば、
極上ハンバーガーのできあがり！

93

○ ミニハンバーグで
ハンバーグのポトフ風

材料(2人分)
ミニハンバーグ——6個
にんじん
　——3〜4cm(約60g)
じゃがいも——1個(150g)
セロリ——½本(50g)
キャベツ——小¼個
たまねぎ——½個(100g)

A[　水カップ2½(500ml)
　スープの素(顆粒)
　　——小さじ1
　ローリエ——1枚]

塩——小さじ⅙
こしょう——少々
粒マスタード——少々

作り方
1. にんじんは縦半分に切ります。じゃがいもは半分に切り、水にさらして水気をきります。セロリは筋をとり、長さを半分にします。キャベツ、たまねぎは、くし形に2等分します。
2. 大きめの鍋に、1、Aを入れ、ふたをして中火にかけます。野菜がやわらかくなるまで、15〜20分煮ます。塩、こしょうで味をととのえ、ハンバーグを入れて、2〜3分煮ます。器に盛り、マスタードを添えます。

1人分361kcal

○ ミニハンバーグで
煮こみハンバーグ

材料(2人分)
ミニハンバーグ——6個
たまねぎ——½個(100g)
にんにく——1片
バター——10g
さやいんげん——4本
スライスチーズ
　(溶けるタイプ)——2枚

A[　赤ワイン・水——
　　各カップ¼(50ml)
　スープの素(顆粒)
　　——小さじ½
　トマトケチャップ
　　——大さじ½
　ウスターソース
　　——大さじ1]

作り方
1. いんげんは、1〜2分色よくゆで、3cm長さに切ります。
2. たまねぎは薄切り、にんにくはみじん切りにします。
3. 鍋にバターを溶かし、たまねぎ、にんにくを中火で2〜3分いためます。Aを加え、煮立ったらハンバーグを入れ、汁をからめながら3〜4分煮ます。
4. 鍋の中で、ハンバーグを3個ずつひとまとまりにして上にチーズをのせ、ふたをして10〜20秒おいて、火を止めます。
5. 器に4を盛り、いんげんを散らします。

1人分409kcal

さくいん

肉類

●とり肉●

8…炊飯器で作るカレーピラフ
10…グリルチキンさっぱり野菜ソース
12…とり肉の辛味いため
18…チキンのトマト煮こみ
22…ハーブ風味のチキンサラダ
36…チーズオムライス
42…酸辣湯（サンラータン）
64…中国風ささみの天ぷら

●豚肉●

10…**生ハム**とアスパラガスのスパゲティ
22…カルボナーラ（**ベーコン**）
28…もやしとトマトのさっぱりサラダ（**ロースハム**）
30…五目あんかけ焼きそば
32…豚ヒレ肉のソテー　香味ソース
40…春巻き（**焼き豚**）
44…ローストポーク
56…酢豚風いためもの
68…韓国冷めん
68…グリル焼き肉
73…サラダピッツァ（**生ハム**）
83…オープンサンド（**ベーコン**）
83…ペンネ アラビアータ（**ソーセージ**）
84…ゆで豚
85…ベトナム風サンドイッチ
85…ゆで豚の香味ソース

●牛肉●

14…サラダ仕立てのステーキ
28…牛肉と長いものオイスターいため
52…ステーキシチュー

●ひき肉●

24…野菜とひき肉のみそいため
60…ラザニア
74…ぶりぷりえびの焼きぎょうざ
77…水ぎょうざ
77…焼きぎょうざ
86…ドライカレー
87…スティック春巻き
87…ワンプレートディッシュ
88…肉みそ
89…ジャージャーめん
89…肉みそ丼
90…ミートソース
91…ピッツァ
91…じゃがいものミートソースグラタン
92…ミニハンバーグ
93…ハンバーグのポトフ風
93…煮こみハンバーグ

魚介類

16…切り身魚のレンジ蒸し（**銀だら**）
20…ポキ丼寿司（**まぐろ**）
20…野菜たっぷりとうふステーキ（**アンチョビ**）
24…切りこんぶのサラダ（**しらす干し**）
26…切り身魚のソテー しそガーリック風味（**ぶり**）
30…五目あんかけ焼きそば（**むきえび**）
30…かにかま（**ぼこ**）のあえもの
32…変わりシーザーサラダ（**アンチョビ**）
48…かにクリームコロッケ
50…**あさり**のトマトスープ
54…**めんたい**バターディップ
58…**ほたて**のピリ辛スープ
66…水菜とかりかりじゃこのサラダ
70…具だくさん おかずピッツァ（**えび**）
74…ぷりぷりえびの焼きぎょうざ

野菜、くだもの

●あ●

10…生ハムとアスパラガスのスパゲティ
28…牛肉と長いものオイスターいため（**アスパラガス**）
64…中国風ささみの天ぷら（**アスパラガス**）
70…具だくさんおかずピッツァ（**アスパラガス**）
18…**アボカド**ディップのサラダ
20…ポキ丼寿司（**アボカド**）
16…切り身魚のレンジ蒸し（**えのきだけ**）
42…酸辣湯（サンラータン）（**えのきだけ**）
8…炊飯器で作るカレーピラフ（**エリンギ**）
46…きのこのリゾット（**エリンギ**）
70…具だくさんおかずピッツァ（**エリンギ**）
73…サラダピッツァ（**エンダイブ**）
75…**オクラ**のスープ
46…**オレンジ**のスパニッシュサラダ
73…**オレンジ**ピッツァ

●か●

68…韓国冷めん（**かいわれだいこん**）
38…ほうれんそうとかぶのサラダ
14…**かぼちゃ**とクリームチーズのディップ
68…グリル焼き肉（**かぼちゃ**）
8…フルーツサラダ（**キウイフルーツ**）
10…生ハムとアスパラガスのスパゲティ（**キャベツ**）
24…野菜とひき肉のみそいため（**キャベツ**）
42…**キャベツ**ときくらげのさっぱりあえ
71…**キャベツ**のカレー風味サラダ
93…ハンバーグのポトフ風（**キャベツ**）
10…グリルチキンさっぱり野菜ソース（**きゅうり**）
18…アボカドディップのサラダ（**きゅうり**）
42…キャベツときくらげのさっぱりあえ（**きゅうり**）
75…**きゅうり**とセロリのかつお風味あえ
89…ジャージャーめん（**きゅうり**）
36…チーズオムライス（冷凍**グリーンピース**）
32…変わりシーザーサラダ（**クレソン**）
50…りんごとチコリのサラダ（**クレソン**）
62…**グレープフルーツ**のカクテルドリンク

●さ●

85…ベトナム風サンドイッチ（**サニーレタス**）
85…ゆで豚の香味ソース（**サニーレタス**）
8…炊飯器で作るカレーピラフ（**さやいんげん**）
71…キャベツのカレー風味サラダ（**さやいんげん**）

93…煮こみハンバーグ（**さやいんげん**）
12…しいたけのシンプルスープ（干し**しいたけ**）
16…切り身魚のレンジ蒸し（**しいたけ**）
28…牛肉と長いものオイスターいため（**しいたけ**）
46…きのこのリゾット（**しいたけ**）
56…酢豚風いためもの（干し**しいたけ**）
74…ぶりぷりえびの焼きぎょうざ（干し**しいたけ**）
88…肉みそ（干し**しいたけ**）
16…厚揚げと野菜のみそいため（**ししとうがらし**）
26…切り身魚のソテーしそガーリック風味
20…野菜たっぷりとうふステーキ（**しめじ**）
18…チキンのトマト煮こみ（**じゃがいも**）
26…具だくさん野菜スープ（**じゃがいも**）
44…ローストポーク（**じゃがいも**）
56…酢豚風いためもの（**じゃがいも**）
91…じゃがいものミートソースグラタン
93…ハンバーグのポトフ風（**じゃがいも**）
26…焼きズッキーニのチーズのせ
62…れんこんのハーブ風味サラダ（**スナップえんどう**）
89…肉みそ丼（**スプラウト**）
22…ハーブ風味のチキンサラダ（**セロリ**）
32…豚ヒレ肉のソテー香味ソース（**セロリ**）
50…あさりのトマトスープ（**セロリ**）
75…きゅうりと**セロリ**のかつお風味あえ
82…カポナータ（**セロリ**）
86…ドライカレー（**セロリ**）
90…ミートソース（**セロリ**）
93…ハンバーグのポトフ風（**セロリ**）

●た●

40…春巻き（**タアサイ**）
58…豆もやしと青菜のあえもの（**タアサイ**）
30…かにかまのあえもの（**だいこん**）
56…酢豚風いためもの（ゆで**たけのこ**）
88…肉みそ（ゆで**たけのこ**）
8…炊飯器で作るカレーピラフ（**たまねぎ**）
8…半熟卵のスープ（**たまねぎ**）
10…グリルチキンさっぱり野菜ソース（**たまねぎ**）
14…サラダ仕立てのステーキ（紫**たまねぎ**）
14…**小たまねぎ**とにんじんのスープ煮
18…チキンのトマト煮こみ（**たまねぎ**）
20…ポキ丼寿司（紫**たまねぎ**）
20…**紫たまねぎ**とピーマンのみそ汁
24…中国風コーンスープ（**たまねぎ**）
26…具だくさん野菜スープ（**たまねぎ**）
32…レンズ豆のスープ（**たまねぎ**）
44…ローストポーク（**たまねぎ**）
46…きのこのリゾット（**たまねぎ**）
48…かにクリームコロッケ（**たまねぎ**）
86…ドライカレー（**たまねぎ**）
90…ミートソース（**たまねぎ**）
92…ミニハンバーグ（**たまねぎ**）
50…りんごと**チコリ**のサラダ
12…青菜のにんにくソース（**チンゲンサイ**）
30…五目あんかけ焼きそば（**チンゲンサイ**）
30…青菜のシンプルスープ（**チンゲンサイ**）
77…水ぎょうざ（**チンゲンサイ**）

77…焼きぎょうざ（**チンゲンサイ**）
54…めんたいバターディップ（**ディル**）
28…**トマト**ともやしのさっぱりサラダ
10…グリルチキンさっぱり野菜ソース（**ミニトマト**）
26…具だくさん野菜スープ（**ミニトマト**）
50…あさりのトマトスープ（**トマトジュース**）
52…ステーキシチュー（**トマトピューレ**）
64…中国風ささみの天ぷら（**ミニトマト**）
18…チキンのトマト煮こみ（**トマト水煮缶詰**）
60…ラザニア（**トマト水煮缶詰**）
82…カポナータ（**トマト水煮缶詰**）
90…ミートソース（**トマト水煮缶詰**）

●な●

28…牛肉と**長いも**のオイスターいため
16…厚揚げと野菜のみそいため（**なす**）
54…ピーマンと**なす**のマリネサラダ
82…カポナータ（**なす**）
40…春巻き（**黄にら**）
74…ぷりぷりえびの焼きぎょうざ（**にら**）
85…ゆで豚の香味ソース（**にら**）
14…小たまねぎと**にんじん**のスープ煮
44…ローストポーク（**にんじん**）
46…オレンジのスパニッシュサラダ（**にんじん**）
52…ステーキシチュー（**にんじん**）
75…きゅうりとセロリのかつお風味あえ（**にんじん**）
85…ベトナム風サンドイッチ（**にんじん**）
86…ドライカレー（**にんじん**）
93…ハンバーグのポトフ風（**にんじん**）
12…とり肉の辛味いため（**ねぎ**）
16…切り身魚のレンジ蒸し（**ねぎ**）
24…野菜とひき肉のみそいため（**ねぎ**）
30…かにかまのあえもの（**ねぎ**）
30…青菜のシンプルスープ（**ねぎ**）
40…春巻き（**ねぎ**）
42…酸辣湯（サンラータン）（**ねぎ**）
58…ほたてのピリ辛スープ（**ねぎ**）
84…ゆで豚（**ねぎ**）
89…ジャージャーめん（**ねぎ**）

●は●

64…中国風ささみの天ぷら（**パセリ**）
8…フルーツサラダ（**バナナ**）
12…しいたけのシンプルスープ（**万能ねぎ**）
85…ゆで豚の香味ソース（**万能ねぎ**）
20…野菜たっぷりとうふステーキ（赤、緑**ピーマン**）
20…紫たまねぎと（赤）**ピーマン**のみそ汁
24…野菜とひき肉のみそいため（**ピーマン**）
24…切りこんぶのサラダ（黄**ピーマン**）
54…ピーマンとなすのマリネサラダ（赤、緑**ピーマン**）
68…グリル焼き肉（**ピーマン**）
70…具だくさんおかずピッツァ（赤**ピーマン**）
91…ピッツァ（**ピーマン**）
56…酢豚風いためもの（**ブロッコリー**）
38…**ほうれんそう**とかぶのサラダ

●ま●

18…チキンのトマト煮こみ（**マッシュルーム**）
50…あさりのトマトスープ（**マッシュルーム**）
52…ステーキシチュー（**マッシュルーム**）
8…フルーツサラダ（**マンゴー**）
14…サラダ仕立てのステーキ（**水菜**）
66…**水菜**とかりかりじゃこのサラダ
28…トマトと**もやし**のさっぱりサラダ
58…豆**もやし**と青菜のあえもの
85…ゆで豚の香味ソース（**もやし**）

●ら●

22…ハーブ風味のチキンサラダ（**ラディッシュ**）
26…切り身魚のソテー しそガーリック（**ラディッシュ**）
66…水菜とかりかりじゃこのサラダ（**ラディッシュ**）
50…**りんご**とチコリのサラダ
68…韓国冷めん（**りんご**）
12…とり肉の辛味いため（**レタス**）
18…アボカドディップのサラダ（**レタス**）
22…ハーブ風味のチキンサラダ（**プリーツレタス**）
28…ザーサイと**レタス**のスープ
32…変わりシーザーサラダ（ロメイン**レタス**）
32…レンズ豆のスープ（**レタス**）
73…サラダピッツァ（**レタス**）
87…ワンプレートディッシュ（**レタス**）
89…肉みそ丼（**レタス**）
62…**れんこん**のハーブ風味サラダ
44…ローストポーク（**ローズマリー**）

その他

16…**厚揚げ**と野菜のみそいため
58…豆もやしと青菜のあえもの（**いりごま**）
82…カポナータ（黒**オリーブ**）
91…ピッツァ（黒**オリーブ**）
30…五目あんかけ焼きそば（**きくらげ**）
42…キャベツと**きくらげ**のさっぱりあえ
68…韓国冷めん（はくさい**キムチ**）
66…あんず酒風味のアイスティー（**くこの実**）
82…カポナータ（**ケイパー**）
24…中国風**コーン**スープ
24…切り**こんぶ**のサラダ
28…（味つき）**ザーサイ**とレタスのスープ
26…焼き**ズッキーニ**のチーズのせ
60…ラザニア（**チーズ**）
70…具だくさんおかずピッツァ（**チーズ**）
73…サラダピッツァ（**チーズ**）
87…スティック春巻き（カマンベール**チーズ**）
93…煮こみハンバーグ（**チーズ**）
16…お吸いもの（**とうふ**）
20…野菜たっぷり**とうふ**ステーキ
42…酸辣湯（サンラータン）（**とうふ**）
22…カルボナーラ（**生クリーム**）
60…ラザニア（**生クリーム**）
8…フルーツサラダ（**ヨーグルト**）
14…かぼちゃとクリームチーズのディップ（**ヨーグルト**）
71…キャベツのカレー風味サラダ（**レーズン**）
58…ほたてのピリ辛スープ（**わかめ**）

ごはんもの、めん、パスタ、パン

8…炊飯器で作るカレー**ピラフ**
10…生ハムとアスパラガスの**スパゲティ**
20…ボキ丼**寿司**
22…**カルボナーラ**
30…五目あんかけ**焼きそば**
36…チーズ**オムライス**
46…きのこの**リゾット**
60…**ラザニア**
68…韓国**冷めん**
70…具だくさん おかず**ピッツァ**
73…サラダ**ピッツァ**
73…オレンジ**ピッツァ**
83…オープン**サンド**
83…ペンネ アラビアータ
85…ベトナム風**サンドイッチ**
87…ワンプレートディッシュ（**バケット**）
89…**ジャージャーめん**
89…肉みそ丼
91…**ピッツァ**

スープ、汁もの

8…半熟卵のスープ
12…しいたけのシンプルスープ
16…お吸いもの
20…紫たまねぎとピーマンのみそ汁
24…中国風コーンスープ
26…具だくさん 野菜スープ
28…ザーサイとレタスのスープ
30…青菜のシンプルスープ
32…レンズ豆のスープ
42…酸辣湯（サンラータン）
50…あさりのトマトスープ
58…ほたてのピリ辛スープ
75…オクラのスープ

サラダ、あえもの

8…フルーツサラダ
18…アボカドディップのサラダ
22…ハーブ風味のチキンサラダ
24…切りこんぶのサラダ
28…トマトともやしのさっぱりサラダ
30…かにかまのあえもの
32…変わりシーザーサラダ
38…ほうれんそうとかぶのサラダ
42…キャベツときくらげのさっぱりあえ
46…オレンジのスパニッシュサラダ
50…りんごとチコリのサラダ
54…ピーマンとなすのマリネサラダ
58…豆もやしと青菜のあえもの
62…れんこんのハーブ風味サラダ
66…水菜とかりかりじゃこのサラダ
71…キャベツのカレー風味サラダ
75…きゅうりとセロリのかつお風味あえ

すぐに役立ち　一生使える
ベターホームのお料理教室

ベターホーム協会は1963年に創立。「心豊かな質の高い暮らし」を目指し、日本の家庭料理や暮らしの知恵を、生活者の視点から伝えています。活動の中心である「ベターホームのお料理教室」は、全国で開催。毎日の食事作りに役立つ調理技術とともに、食品の栄養、健康に暮らすための知識、環境に配慮した知恵などをわかりやすく教えています。

料理教室の問い合わせ・資料のご請求

お料理教室のパンフレットは、お電話かホームページよりお申し込みください。

TEL　03-3407-0471
www.betterhome.jp

段どりよく作る 夕ごはん献立

初版発行　2005 年 4 月 1 日
13刷　　　2019 年11月 1 日

編集・発行　ベターホーム協会
　　　　　　〒150-8363
　　　　　　東京都渋谷区渋谷 1-15-12
　　　　　　〈編集〉　　　Tel.03-3407-0471
　　　　　　〈出版営業〉Tel.03-3407-4871
　　　　　　http://www.betterhome.jp

ISBN978-4-86586-023-8
乱丁・落丁はお取り替えします。本書の無断転載を禁じます。
ⒸThe Better Home Association, 2005, Printed in Japan